社会を変えるアイデアの見つけ方

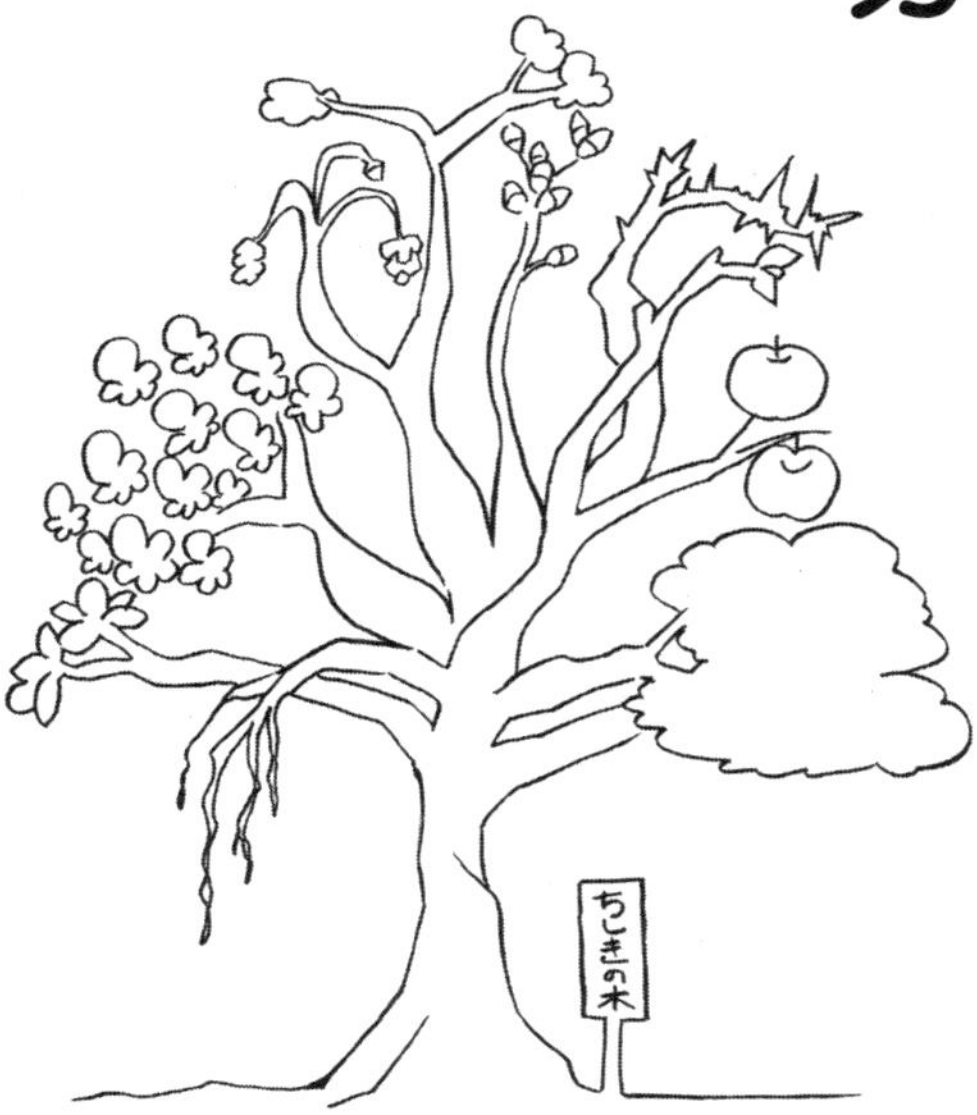

市ヶ谷弘司
Ichigaya Hiroshi

はじめに

アイデアで新しい世界を創るために

昔のことを思い返すと「なんて便利な時代になったものだ」などと、ふと思います。

知りたいことがあれば、すぐにインターネットで調べられますし、欲しいものも最安値のものがすぐに届く。こんな世の中が本当に来るなんて、当時は夢のように思っていました。そんな便利な時代を創ってきたのはまぎれもなく、人の夢と、そんな夢が生み出した「アイデア」です。

人が生み出すアイデアには、多くの可能性が詰まっています。それこそ世界を大きく変えることができるような可能性です。これまで数多くのアイデアが形となって、社会の仕組みまで変えてしまうようなことがたくさんありました。

そして、アイデアはそればかりでなく、自分自身を大きく変えるような可能性も持っています。発想が変われば、見方も変わります。自分がこれまで見ていた世界が違ったものになります。

考えてみると、人の成長というものは、このような見方の変化とその違いを知ることを積み重ねていくことです。**「夢を持つことが人を育てる」**なんていいますが、それは数々のアイデアが違った景色を見せてくれるからでもあるのです。

本書は、そんな**アイデアを創り出す方法や育てていく方法、そして実際に実現していくまでの流れを、私の知識と経験を踏まえながらまとめたもの**です。

アイデアというものはよく「降りてくる、降ってくる」といわれるように、やろうと思って浮かんできたり、湧いてきたりするものでもなかったりします。「アイデアに王道なし」ではないですが、実際にアイデアを創り出していくのには近道はないというのも本音です。

ただ、アイデアが降ってくるのを上手に待つ方法や、意識的に見方を変える方法などを知っていれば、少しは役にも立つでしょう。

そして、一度アイデアが浮かんできさえすれば、あとはそこから考えていけばそのアイデアはどんどん湧き出してくるものです。そのときにどのように考えていけばいいのか、どうすれば湧き出てくるのかのヒントもできる限り記したつもりです。

この湧き出したアイデアを、有効に使えるようにできれば、自分を変えるだけでなく、実際に世界に新たな価値を創り出せます。

本書は、これからの世界を創り上げていく若い人たちにも読んでもらいたいと思い、なるべく優しく書いたつもりですが、少し難解な内容もあるかもしれません。ただ、そんな難しい箇所も、新たな見方を知るきっかけになってくれれば嬉しく思います。
そして、本書が少しでもみなさまの役に立ち、新しいアイデアを創り出していく力になれば幸いです。

市ヶ谷弘司

目次

1章　創造力を磨くには

2章　新しい枝を育むために

3章 自分の発想を、実際に創造するまで

「空調服」※とは、株式会社空調服が
開発・販売したファン付き空冷服の製品をいいます。

本書の著者である市ヶ谷弘司が2004年に独自開発・発売したファン付き空冷服は、人体が本来備えている生理クーラーをより積極的に活用できるようにする空調装置で、服に取り付けた電動小型ファンにより服の中に外気を取り入れ、体の表面に大量の風を流し、汗を気化させて、涼しく快適に過ごすための製品です。

※「空調服」は、㈱セフト研究所と㈱空調服の商標です。

序章

知識の木に
新たな枝を創造する

「わからない」ことを「わかる」こと

左ページにあるこの知識の木は、いわばこれまでの人類のあらゆる知恵の集積であり、その幹は「数学」「自然科学」「物理学」「経済学」「法学」「医学」「音楽」「天文学」「言語学」「美術」といった多くの学問、そして、その枝葉はより先鋭化、あるいは幹より派生したあらゆる知識の体系を表しています。

この知識の木は、人類の生み出した成果ともいえるもので、私たちの生活、日々の営みはこれら人類の知恵の集積の上に成り立っています。

これらの枝葉のその先端は、一部の天才たちの努力によって、日々、成長を続けています。彼らのような天才たちが、知識を共有し、勉強し、検証するという切磋琢磨を重ね、その幹、枝葉を太く、たくましく伸ばしているのです。

このような天才たちの学問は、私を含めたほとんどの凡人にとっては、その枝葉のせいぜい途中までを理解できればいいほうです。その基礎の部分を学校で教わっている段階ですら、苦手意識を感じたり、ついていけなくなったり、学ぶ意義を感じられなくなったりすることは珍しいことではありません。せいぜい、その学問の太さや枝葉の広がりを大まかな概念としてイメージでなんとなくわかる。その程度にしか理解できないのが普通の感覚でしょう。

たとえば、私たちの生活ではリモコンのスイッチを押すだけで、当たり前のように部屋の温度が快適になったり、お風呂が湧いたり、モニターに映像が映し出されたりします。普段は意識もしませんが、私たちはその回路や仕組みについては理解できなくとも、なんとなく凄い技術があって、それが使われていることはイメージしています。しかし、その技術や仕組みについて詳しい理解があるわけではありません。

ただ、わかっていないこと、理解していないこと、わからないということは、そんなに悪いことではありません。

適材適所という言葉がありますが、得意なことがあるのならば、それを得意な人が行う。それは、とても効率的で理にかなったことです。わかる必要がないことをわかろうとすることや、苦手な人が苦手なことを無理して行うことは、その人にとって大きな負担になります。

どこかで自分が向いていないものや、苦手なものがあることに気づくこと、わかることは、人の成長には欠かせません。そこから**「ならば、自分には何が向いているのか。何ができるのか」**と考えることの方がずっと大切なのです。

凡人の生きる道

では、そのような天才ではなかった人たちには何ができるのでしょうか。

一つは、枝を太く、長く伸ばしている人たちの手伝いをするということでしょう。枝葉を育む者です。いくら天才であっても、一人で何でもできるわけではありません。彼らはその枝を伸ばす上では万能な天才ではあっても、他のことに関してはその限りではないからです。

天才であろうが誰であろうが、人には必ず自分でやらなければならないことはあります。食事をし、休息をとることは誰かと代わることはできませんし、病気や体調不良を誰かに押し付けることはできません。人は一人では生きていけない生き物です。たとえ天才であったとしても例外ではありません。人には助け合う誰か、役割を分担してくれている誰かが必要なのです。そして、これは誰もが、誰かのために担っていることでもあるはずです。

そしてもう一つ、誰もができること、そして担えることがあります。それは、**枝と枝葉の間に広がる空間を見つめること**です。

この世界に生きている人たちは、枝葉を太く伸ばす者と、それを助ける者だけではありません。その幹や枝と枝葉の間に広がる空間を眺めながら、「ここにはこんな枝が伸ばせられるのではないか」と想う者がいます。そして、このように新たな枝を生やそうと想いを巡らせることは、誰にでもできることなのです。

人類は誕生して以来、「飢餓や貧困で苦しまず、争わず、健やかに暮らすためにはどうすればいいか」を常に想ってきました。火を使い、モノを発明し、生産を行い、規則をつくり、芸術や娯楽を楽しむといった、人の営みに関するあらゆる事柄は、誰かの想いがその形をなした結果です。

たとえば、「もっと自由な時間がほしい」とか「もっと楽しく暮らしたい」「もっと楽をしたい」という願望は誰にでもあるでしょう。このような人ならば誰もが持っているささやかな願いが、新たな芽生えには必要です。そして、このように新しい枝葉の像を想うことは、別段難しいことではありません。

もちろん、その小さな芽が育つかどうかはわかりません。

ただ、そこに枝を生やすという確固たる動機がなければ、その後に新しい枝が生まれ、葉が生い茂ることもないのです。

この、**枝葉に想いを巡らせ、そこに新たな枝葉を生み出すことを、「想像」そして「創造」といいます。**

わかろうとする力

「想像」とは何でしょうか。

それは、文字通り「像」を「想」うことであり、その能力のことを私たちは「想像力」と呼んでいます。

私たちは知識の木の全貌、いつどこにどのような枝が生えていて、いつ葉がついて、どのような鳥や昆虫が巣にしているのかといった、その詳細まで明確に把握することはできません。これはどんな天才でも無理なことです。

しかし、その像を何となくイメージすることはさほど難しいことではありません。これは、人が常日頃から想像する力を使い、その力を鍛えているからにほかなりません。

たとえば、人はコミュニケーションを行う際に、言葉や態度から相手の伝えたいことを想像します。人が動物とも意思疎通ができるように感じられるのは、相手の意志を理解する過程において想像力が発揮されているからであり、あくまでもコミュニケーションが成り立つ本質は、わかろうとする過程で行われる、お互いの想像力によるものです。

このように想像力は私たちが何かを理解しようとするときに発揮されますが、個人のイメージはあくまでも個人が思い描いたものであり、必ずしも実際にわかろうとしたことそのものであるわけではありません。だからこそ人は誤解するのです。理解や知識が不足していたり、間違った情報を元にしていたり、感情的に受け入れ難かったりなど、細かな要因が重なることによってズレが生じてしまうのです。

わかろうとする過程で無意識に思い込んでしまうことは、想像力を働かせる上で必ず起きてしまうことです。ユリウス・カエサルが『人は自分が見たいものしか見ない』と指摘したのは二千年以上昔の話ですが、人が本質を見ることができないのは現在も変わりません。

しかし、それで構わないのです。

完全にわかることができないということ自体は、人類の歴史をみても本質的な原則です。そして、たとえ脳や心がわかったように感じる錯覚であっても、わかろうとする気持ちのほうがよっぽど大事だからです。

たとえば、知識の木とはどういうことなのか。何を伝えようとしているのか。それは、「知識の木とはなんだろう」と、そのイメージに想いを巡らせることでしか伝わりません。わかろうとしてもらわなければ伝わらないのです。木の全体像をわかろうとしてもらえなければ、木の枝と枝の合間に空間があること、その空間に大きな可能性が秘められていることすらわかってもらえないのです。

このように想像には猶予が認められています。わかろうとしたのだから、どうわかるかは勝手にしていいということです。だから、基本的なことがら以外の細かな部分は、厳密にわからなくてもいいのです。**わからないものは大体でいい。わかろうとする姿勢が大事なのです。**

打開するための力

人のイメージが元になっているという点で、「想像」と「創造」は似ています。想像力はわかるための力だといいましたが、**創造力はいうならば打開するための力です。**

人には「もっとこうだったら……」という欲求がある一方で、嫌なことは忘れて、環境に柔軟に適応して、慣れていくという能力があります。どんなに辛いことでも、理不尽なことでも、それが当たり前になってしまえば適応できてしまうのです。

このような適応力の高さには、もちろんメリットがあります。

たとえば、キツくてもやらなければならないことを乗り切るときには、このような慣れが大きな効果を発揮します。はじめは辛かったことでも、次第になんでもないことのようにできてしまうのは、学校でも職場でもよくあることでしょう。

一方でデメリットも少なくありません。

惰性的になる、マンネリになる、感覚が麻痺してしまう、などさまざまあります。繰り返し何かに取り組んでいく中で、成功体験を積み重ね、自分なりの改善、最適化をすすめた結果、「これでいいや」という気持になってしまうことです。そして、いつしか最善を求めなくなり、突き詰めれば「自分で考えることを放棄してしまうこと」が一番のデメリットであるといえます。

慣れという現象は、個人のみならず特定の組織やコミュニティにおいても発生しますし、学問や研究においても同様です。かつては当たり前に、太く、大きく伸びた幹や枝が、いつしか内側から腐っていき、最後には枯れて朽ち果てる。このような状況は、考えることをやめ、「これでいい」と慣れで行動していた結果から生まれるのです。

ただし、**人にはこの慣れに対する免疫機能も備わっています。**それは、「退屈」という感覚です。

退屈は、何もすることがない手持ち無沙汰な状態に嫌気が差しているときや、関心が薄れて興味が持てない状態になったときに湧き上がる嫌悪感にも似た感情です。人はこの状態をよしとしないので、興味を持てるものを探したり、別の刺激をほしいと感じたり、睡魔に襲われたりします。そして、ときに物思いにふけることもあります。

物思いにふけること、これは言い換えるならば記憶との対話にほかなりません。

たとえば、過去に見聞きした何かを思い出したり、「そういえば、あれって何だったのだろう」などと考え事をしたりすることもあります。このとき、人は想像力をフル回転で動かしています。そして、ふと気がつくことがあるのです。

この気づきが、「ひらめき」であり、新たな枝の種になります。

このようなことは誰にでもよくあることですので、似たような体験をしている人は少なくないでしょう。有名な逸話で言えば、アイザック・ニュートンが林檎の木から実が落ちるのを眺めていて、「なんで林檎の実は落ちてくるのに、月は落ちてこないのか」と疑問に思ったことから、万有引力の法則を導き出したというのも、まさにこのパターンです。一説には、エデンの園における知恵の実ともいわれる、林檎の実が落ちるのを見てひらめくというのは、いささか話として出来過ぎな感がありますが、逸話の真偽はともかく、ちょっとしたきっかけが新しいイメージにつながっていくという意味ではよくわかる話です。ニュートンは天才でしたが、ひらめきは誰にでも起こることです。そして、それが新しい何かになっていく、育っていく可能性もあるのです。

枝と枝の隙間の空間を眺め、その隙間に新たな枝を生やしていく。ひらめきを糧に、新しい価値を創り出していく。それが創造です。そして、倦怠で、硬直的で、退屈な何かを打開するための力が「創造力」なのです。

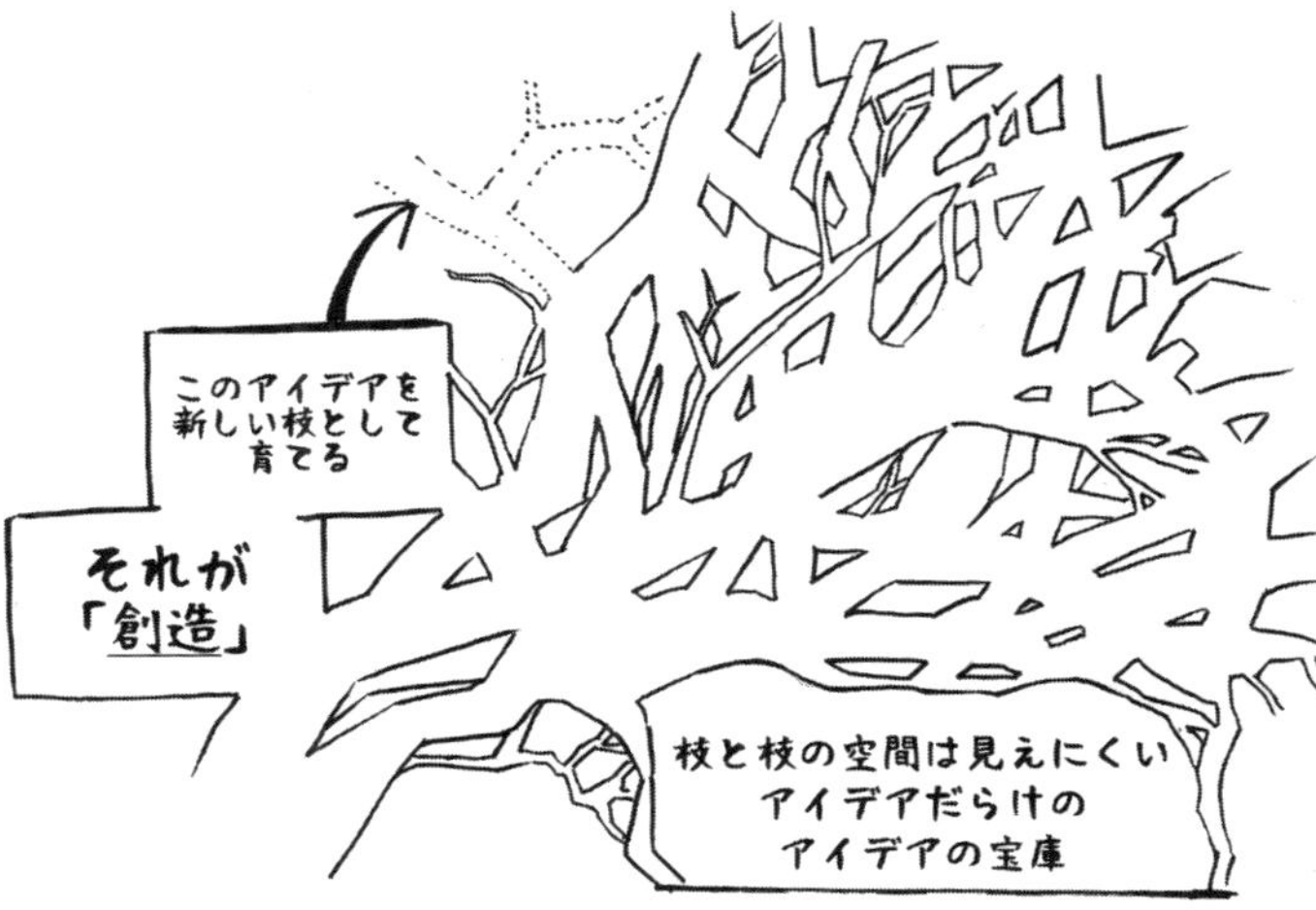

1章

創造力を磨くには

課題が無ければ創造力を発揮しようがない

仮に人生が求められることをこなしていくだけ、与えられたものだけで満足してすむのならば、創造力は大概の場合、必要ないかもしれません。

与えられたことを覚えて、与えられたことを真似して、与えられたことを楽しんで、与えられたもので満足する。それだけのことでいいのですから、創造なんてする必要はありません。かえって邪魔な能力であるとさえいえるでしょう。

もちろん、現実にはそんな人生で満足する人間なんていないと思いますし、そんな人生もありえません。ですが現状に満足している人や、これが当たり前なことだと無意識に受け入れている人はいるのではないでしょうか。

そんな場合、創造力が発揮される機会はほとんどないのではないでしょうか。

与えられた何かを受け入れるだけでは、創造力は使われることもなく、そして使

われることがなければ、その能力は鍛えられません。

動機が創造力を育む

もちろん、学校で先生がいうとおりに勉強することや、上司にいわれたとおりに仕事をすることは悪いことではありません。むしろ認知や理解という意味ではとても重要な過程ですし、正確性が求められる場面ではより求められる部分でしょう。

ただし、なんのためにそれを行うのか。その目的を把握することがなければ、その行為はやりがいも、面白味もないものになってしまうでしょう。「やりがい」や「面白い」と感じることで、人は自らの行為に意義を見出します。そしてこの意義が、人がなにかを「やりたい」「やってみたい」と思う動機になります。

動機は、言い換えるのならば「〇〇したい」「〇〇になったらいい」という欲望でもあります。この動機や欲望は「必要は発明の母」という言葉があるように、もっと便利になるのではないか、もっと効率よくできるのではないかという新たな必要性を考えるきっかけになります。

この動機は、あるいは「目的」と言い換えてもいいかもしれません。目的は、より多くの人のためになるほど育っていきやすいものです。多くの人が望んでいることがあるなら

人は課題があるから創造する

ば、それを解消したいということも同じだけ求められているからです。それに自分のためだけでなく、誰かのためになることならば、それを行いたいという気持ちもより膨らんでいくものです。

最初は、家族や仲間といった身近な人たちのためにというくらいの目的でもいいでしょう。それをきっかけに、組織、地域、社会、世界がよくなるといった風に、その範囲を拡大させていくことで、より価値ある手段の創造へとつながっていきます。

そのためには、多くの人が求めている、望んでいることを知ることも重要になってきます。望んでいることを知る過程で、知識に広がりをもたせることもできます。似た目的、あるいは似た手段を知ることは、新たな創造のための参考にもできるでしょう。

知識の木でいうならば新しい枝葉を創造する前に、すでに似た枝葉が生えている、あるいは過去に生えていたかもしれないことがわかっていれば、その似ている枝葉が、なぜうまく成長したのか、あるいは育たなかったのか検証することができます。似ていることを知ることは、自分が新たに考え、実際に創造していく上での糧になります。

動機や欲求から課題を導き出す

多くの人が求めるようなものならば、それだけ新たな枝葉は太く長くは伸びていく可能性があります。しかしそれは、まだあくまでも可能性にすぎません。求めているもの、あるいは求められているものが、なぜいまだに実現できていないのか。何がボトルネック（問題解決のための課題）になっているのかがわからなければ、結局は小さな芽すら生やすことはできないからです。

何が問題だからそれが求められるのか、どこに問題があるから望まれるのかを把握した上で、解決するためにどうしたらいいのかを考えていかなければなりません。一言でいうのならば、**問題解決のための課題を発見、設定する**ということです。

たとえば、「地球環境を守りたい」というのは、多くの人から望まれることです。そのための手段は「循環型社会」、「自然・低炭素エネルギーの拡大」、「自然環境保護」などを大きな枝とし、そこからも大小問わずさまざまな枝葉が現在でもたくさん育まれています。それらの大小の枝葉は「ソーラーパネルの変換率向上」、「低エネルギーでの快適な労働環境の実現する技術」、「森林保護のための世界的な取り決め」といった、より具体的な課題を解消したいという望みによって育まれています。

これらの手段とその知識は、それぞれがすでに枝葉となって育っていますが、それでも望まれるということは、**より効果的、あるいは効率的、よりコストがかからない、など幅広いニーズがある**ということです。これは、言い換えるならば、まだまだ新しい枝葉が成長する余地、すなわち創造力を発揮する余地が多く残されているということでもあります。

大切なのは「何かを良くするアイデア」であること

このような現状の把握、分析は新たな枝葉を育むためには重要なことですが、一方で創造の芽を生み出すという意味では実はそれほど重要ではありません。なぜなら、創造の芽はどの枝から生まれるかはわからないですし、わかっている必要もないからです。

枝葉を伸ばすためにクリアすべき課題と、枝葉を伸ばすことでクリアできる課題は違います。

たとえば、「低エネルギーでの快適な労働環境の実現する技術」は前者で、「地球環境を守る」は後者となりますが、前者は同時に「低コストで快適な労働環境を実現する技術」であることも大いにありえるからです。結果的に「地球環境を守る」発想であったとしても、最初の芽は別の枝から生えていたということもあるのです。ちょうど接木をするような感じです。

つまり、創造のはじめは、どこに、どのような枝葉を育んでいくかを想定する必要はないのです。**大切なのは、何かを良くするアイデアであることだけです。**結果として何がよくなるかはまた別の話だと思っていて構いません。そのアイデアは、その枝ではさして良いアイデアではないかもしれないけれども、別の枝に接木すればとても良いアイデアになるということは往々にしてあることです。

それでは、何かをピンポイントで良くしたい場合に役に立たないではないかと思う人もいるでしょうが、**この場合は新たに創造するよりも良い方法があります。逆に、すでに芽が出ている別の枝葉からより適切な枝葉を接木するという方法です。**すでに育っている枝葉ならば、新たに育てる労力もコストもかかりません。また、新たに育てる力が増えることもあり、いいことずくめです。

創造するのにまず大切なのは、とにかく「何かを良くしたい」という気持ちと、そのために何をしなければならないか。その「課題を見つける」ことにつきます。

実際にその取り組みがどのように育っていくかはわからないのですから、その部分は育てる段階になったら考えればいいのです。

好奇心を持って考えよう

何かを良くできるのならば、誰だって良くしたいという気持ちを持っていると思います。一方で日常にはやらなければならないことがあふれていますし、普通に人生を送っていれば間違えたり、挫折したりする中で、常に前向きで生きていることは難しいことです。

そして、何かを良くしたいという気持ちがあっても、「そんな簡単なものじゃない」「できるものならやっている」という、ある種の諦観によってそんな気持ちは心のどこか片隅に追いやられてしまうことも少なくないでしょう。

この**「諦め」の気持ちは、創造するという行為においては天敵になります。**諦めてしまうと可能性を信じられなくなり、「もしかしてなにかできるかも」と思いついたとしても、それはいつしか頭の中で「そんな可能性なんてない」という風に、後ろ向きな気持ちに変換されがちだからです。

創造の芽は、こうした多く人々の諦めによって埋もれてしまいます。

子どもに学ぶ、好奇心と発想力

人は経験を積み重ねていくと、その経験を踏まえて危ないことや、無駄なことをしなくなります。リスクやコストを考えればそれは当たり前のことでもあり、それが学習するということでもあるのですが、そうすることによって失われていくものもあります。

その一つが「好奇心」です。当然ですが好奇心は、知らないことが多ければ多いほど湧き上がる機会は増えるものです。また、好奇心は慎重さによって抑えられる性質があります。伸び伸びと育った子どものほうが、経験を積み重ねた大人よりも好奇心が旺盛なのはそのためです。

子どもの成長を見ていると、やってみたい、もっと知りたいという「好奇心」が人を育てることがよくわかります。これは創造することも同じで、**好奇心を持って考えることは、アイデアを生み出すためにとても重要なこと**です。なぜなら、「なぜなのだろう」、「どうしてなのだろう」という問いを持てることが、創造するという行為には欠かせないことだからです。

子どもには知識がありません。その一方で、先入観もありません。そのため、見つけ出す問いや課題も大人とは異なります。より原始的で、素朴な子どもたちの「なぜだろう」という問いは、大人たちが「こういうものだ」と、はるか昔に処理してしまった問いです。しかし、その当たり前を改めて問い直してみると、大人でもはっとさせられるような、本質的な深さを持つ問いであったりするのです。

かつてソクラテスは「知らないこと」よりも、「知らないことを知らないこと」の方が良くないことだと言いました。いわゆる「無知の知」といわれるものです。大人になると、人はついなんとなく知っているつもりになってしまいがちですが、いくら知識を増やし経験を重ねようとも、人はすべてを知ることはできませんし、ときに間違えることもあります。だからこそ、あらゆることの基本や普遍的な原理原則が大切とされるのです。

もう一つ、好奇心が大切な大きな理由があります。それは好奇心を持って考えると、集中力が高まることです。知りたいことに没頭し、のめり込んで思考を巡らせる。これを根気強く、粘り強く続けるためには、「なぜなのか」「どうしてなのか」という、知りたいという気持ちの継続が欠かせません。

そして、好奇心を持つことが何よりも重要なのは、考えるという行為自体が楽しくなるからです。わからなかったことがわかっていく。でも、またわからないことが出てくる。そして、また知りたくなる。だから考える。この、いつ終わるともわからない**思考の連鎖を楽しめることが何よりも大切なのです。**

遊び心が必要な理由

何をするにも同じことが言えるかもしれませんが、創造すること、考えることにおいてもその行為を楽しめるかどうかはとても大切です。そして何かを楽しむときには、気持ちのどこかに遊び心を持つことを忘れないようにしましょう。

真剣に考えたり取り組まなければならなかったりするときに、遊び心を持つなんて不真面目だと思う人もいるかと思います。そんな余裕なんてないという人もいるかもしれません。ですが、その余裕を生み出すことも遊び心の役割の一つなのです。

人は余裕がないとき、セオリーや定番、自分が得意とするパターンに頼りがちです。思考判断に余裕がなくなり、これまで上手くいっている、これまでどおりのパターンで思考してしまいます。このように思考が固定化されていくと、いつしか頭の中に「こうであるはずだ」「こうに違いない」という思い込みが生まれます。

そして、この思い込みが大きくなっていくと、その思考からはいつしか論理性が失われていってしまうのです。**思考は論理的でなければ、それはただの妄想にすぎません。**また、たしかに論理的な考えであっても、固定化した思考からは同じように堅苦しいアイデアしか生まれません。

遊び心には、そんな固くなった思考を柔らかくする効果があります。それは、遊び心を持った思考が、定番とは別の視点を加えてくれるからです。思考を多角化し、物事を俯瞰で考えることは論理的であることにおいても欠かせません。

遊び心を持てといわれても、そんなのどうすればいいかわからないという人もいるかもしれません。そんなときはちょっとリラックスして、無邪気な子どものように考えてみてください。それも難しいようならば、いっそ馬鹿になったつもりで物事を眺めてみるのもいいでしょう。天才と馬鹿は紙一重という言葉があります。私たちは天才にはなれないですが、馬鹿になることは天才になるよりは優しいはずです。

固定化した思考からは新しい何かが生まれることはありません。現状を打開する思考ができるのは、そういった思考に縛られないトリックスターのような存在です。**思考に遊び心を加えてこそ、斬新な思考やアイデアが生まれてくるのです。**

まだ見つかっていないだけで、答えは必ずある

積み重ねた経験や知識は、ときに思考を固定化させますが、そうならないように心がけてさえいれば心強い武器となります。

たしかに子どもの好奇心旺盛さは、とてもパワフルでエネルギーに満ちあふれていますが、それは散漫であらゆる方向に向けられます。そこには長期的な展望や目的はありませんし、指向性のない興味が先んじた好奇心です。もちろんこのような好奇心は、子どもが知識や経験を積み重ねる上でとても大切なことですが、ある意味では刺激的なものに反応しているだけともいえます。

一方で、大人には子どもにはない経験と知識の積み重ねがあります。子どもの好奇心は、「もっと知りたい」という興味もありつつ、基本的には「感じてみたい」

「行ってみたい」、「やってみたい」といった行動的な好奇心が中心です。

しかし、知識や経験を積み重ねるとこの好奇心の質が変わってきます。それは「知っていることと違う」「何が違うのだろう」といった、今までの経験や知っている知識との違いから生まれる好奇心になっていくのです。

こういった好奇心のことを**「知的好奇心」**といいます。そしてこの知的好奇心は、知識への探求心にもつながっていきます。

知識や経験はすべての土台となるものです。私たちは知らないことについて考えられませんが、知識が土台としてあればそこから連想することはできます。たとえば、知らない漢字であっても、つくりや偏などの部首から意味合いを読み取れたりするのがそれです。

たしかに知識や経験は、無駄なことをやらないためや、何かを諦めるためにも使えます。ですが、知識や経験は創造の芽を埋もれさせるために使うよりも、新たな価値を生み出す芽を育むために使うほうが有意義なことだと思うのです。

知的好奇心から得られた知識と、それを土台として深められた思考からは、必ず新たな価値を秘めたアイデアを生み出すことができます。しっかりとした知識と論理的思考に基づいていれば、今は見つからなくても、あるいは仮説にすぎなくても答えにはたどり着けます。だから諦めてはいけないのです。

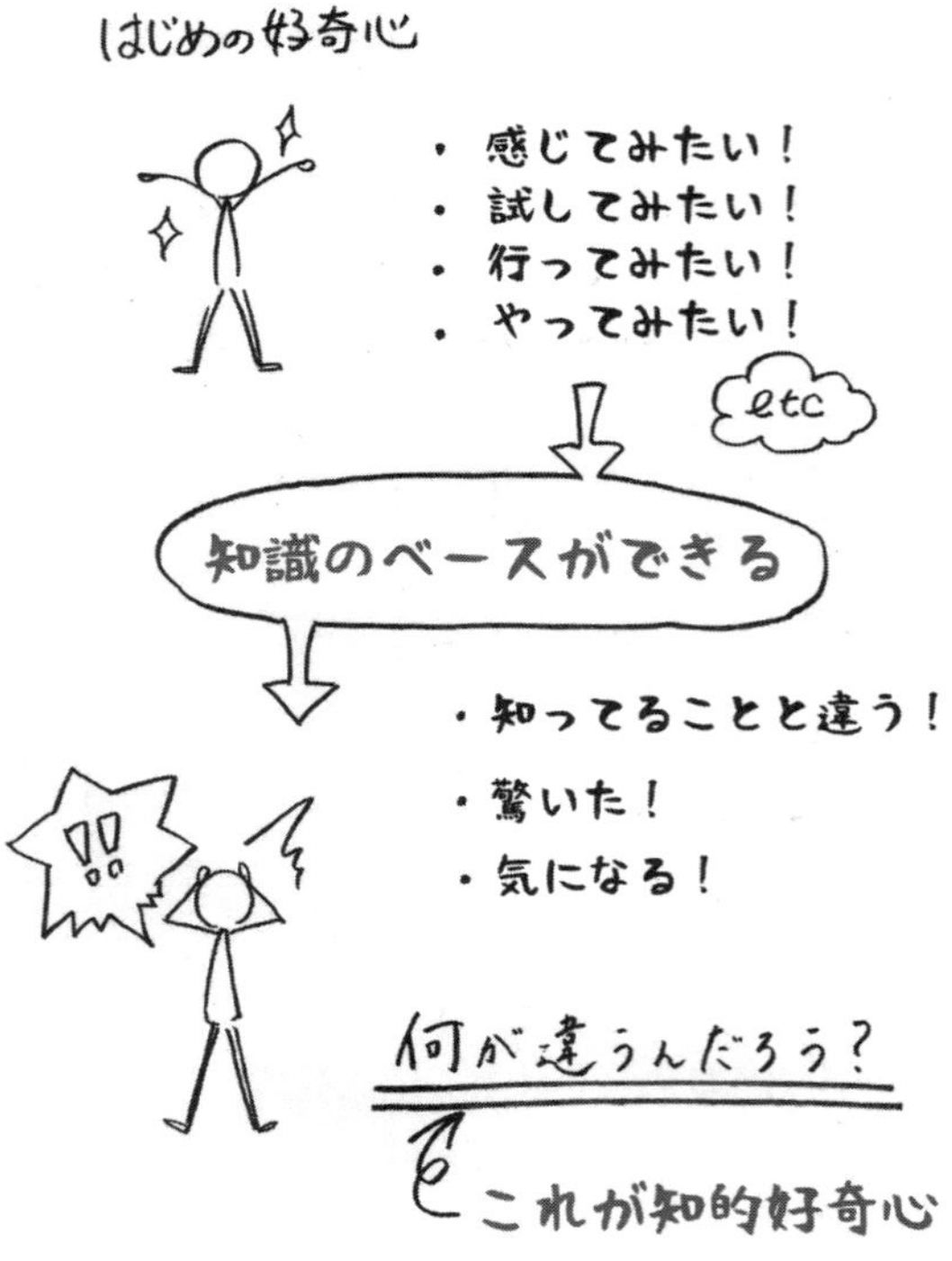

はじめの好奇心
・感じてみたい！
・試してみたい！
・行ってみたい！
・やってみたい！
etc
知識のベースができる
・知ってることと違う！
・驚いた！
・気になる！
!!
何が違うんだろう？
これが知的好奇心

不思議と思うことは調べる前に考える

「なぜそうなっているのだろう」

知的好奇心が芽生えたとき、私たちはどうするべきなのでしょうか。

そんなとき、人は大まかに三つの方法のうちのどれかを選択します。**一つは、誰かに聞くこと。もう一つは調べること。そして、とりあえず考えてみること**です。

この方法はどれも正しいのですが、目的別で考えるならば優先順位があります。

たとえば、すぐわかる事柄ならば誰かに聞くのがいいでしょう。裏付けなどのための情報がほしい場合は、調べるのが先になります。

しかし、新しいアイデアを生み出したいならば、まずは考えるべきでしょう。

情報は人を惑わす

聞くことや調べるという行為は、基本的にすでに出回っている知識や情報でなければ行えません。もちろん、自分でヒアリングをしたり、アンケートを集計したりといった、知識や情報を顕在化させる場合についてはその限りではありませんが、本や映像、インターネットなどから得られるものも含め、調べられるのはあくまでも情報としての知識だけです。聞いたり調べたりして得られる知識は、創造を支える土台にはなります。

しかし、聞くことではすでにあるアイデアしか教えてもらえませんし、新たなアイデア自体を調べられるわけではありません。

社会の情報化は、インターネットの発展によってこの十数年で飛躍的に進んでいます。たくさんの情報があり、有益な情報は多くの人に共有され、拡散されます。そして、その有益な最新情報を逃さないためにも、多くの人たちはその情報のチェックに余念がありません。

このあまりにも多い情報の中では、普通その真偽をすべて確かめることはできません。そのため、情報リテラシーをしっかり行っていなければ、誤った情報や知識を信じさせられてしまうこともあるでしょう。新たに得た知識は、いうならば新鮮な知識ですので、目新しい知識や情報であれば、つい信じたくなるというのもあるでしょう。そして、こういった誤った知識や情報は、誤った思考を生み出してしまう原因となります。そこから生まれたアイデアも広く受け入れられるものにはならないでしょう。

また、まず**聞いたり調べたりするという方法は、その分だけ思考する時間を削ります。**現代では、知りたいことはいつでも誰かに聞くこともできますし、どこでも調べることができますが、いつでもどこでも教えてもらったり、調べていたら考える時間がなくなってしまいます。

そして、すぐ誰かに聞く、調べるという習慣は、**思考の幅も狭めてしまいます。**考えなくても、誰かが教えてくれる、調べれば答えがインターネットに載っているからいいと思ってしまうならば、いつしか考えなくなってしまうでしょう。

とりあえず考えるメリット

とりあえず考えるようにすると、無駄な情報が入ってこないため、他人の意見に惑わされることはなくなります。そのため既存の考え方に縛られず、自由な思考や発想ができるのです。

また、答えを知ってしまうと、それを信じてしまい知識や情報の正確性を検証することをしなくなります。これは、**たとえるならば数学の問題で、式を書かず、**

答えだけカンニングしているようなものです。重要なのは式の過程、思考の方法、答えの導き方でもあるのですが、先に調べてしまうとこれをすっとばしてしまいがちなのです。

考えるという行為は、細かくみていけば情報の整理や仮説の組み立て、視点の多角化など多岐にわたりますし、その方法もさまざまですが、これらは常日頃から使っていないと鍛えられませんし、実際に使い物になりません。思考力というものは、筋肉と似ていて使えば鍛えられるし、使わなければ衰えていくものです。まず調べてしまうと、この鍛錬の機会を失うことにもなるのです。

調べること自体は重要なことです。しかし、**新しい発想や価値を生み出したいのならば、まず考えてから答え合わせのために調べるというのが順序としては正しいでしょう。**自分が考えた仮説を裏付けるために、知識や情報を調べる。新しい価値を創造する者にとっては、それが情報化した社会と折り合っていく一番の方法だと思います。

気温の35℃
と
お風呂の35℃
感じ方が違うのは なぜ？
まず考えてみた場合
水は…
空気は
それぞれの違いは何だろう
そういえばサウナはなんで平気なんだ？
そもそも「あつい」とか「さむい」って感じるのは何のため…？
もしかして…!!!
・自分なりの考えを組み立てる ⇒ 思考する
・調べてみる ⇒ 検証する
誰かに聞いただけの場合
なるほど
それはね…
・誰かの知識がコピーされる ⇒ 思考しない
・信じてしまう ⇒ 検証しない

リラックスして考える

自由な思考やアイデアというのは、既存の考え方や慣習からは生まれてきません。こういった発想や思考は、**日常のストレスから解き放たれた、ささやかなリラックスの時間に訪れることが多い**のです。

アインシュタインは散歩が好きで、研究所へは毎日徒歩で通勤していたという話ですが、そんなアインシュタインは「シャワーを浴びているときに限って、最高のアイデアがひらめくのはどうしてなのだろう」と語ったといわれます。アインシュタインにとっては、散歩やシャワータイムは貴重な思考のひとときだったのでしょう。

そういえば、かのアルキメデスが「流体中の物体は、その物体が押しのけている流体の重さと同じ大きさで上向きの浮力を受ける」という『アルキメデスの原理』をひらめいたのも入浴中でしたし、先に挙げたニュートンのりんごの逸話も散歩の途中でした。

ちなみに私がはじめに**空調服のアイデアをひらめいたのは、東南アジアのとある空港での待ち時間でした**が、蒸し暑い待合室で飛行機の時間を待ちながら、手持ち無沙汰でただぼぅっとしていたときだったことを覚えています。

何にせよ、思考や発想、なにより自分の考えというものは他人からの借り物ではなく、自分自身の考えに基づいたものでなければなりません。こうした自由な考えは、日常のしがらみから解き放たれてリラックスした環境から生まれてくるのは自然なことです。

アインシュタインが毎日、意識して散歩の時間をつくっていたように、自分に合ったかたちでリラックスして思考できる時間をつくることは、新しい価値を生み出したいと思うならば必要なことではないでしょうか。

当たり前の現象を当たり前と考えない

当たり前があってこそ、独自性は生まれます。この**当たり前を自分なりの視点でとらえ直し、考えていくことは新しい価値を創っていく上でとても大切**です。

当たり前というものは、多くの人にとって「そうだ」と考えられている常識でもあります。

しかし、多くの人がそう考えているからといって、それだけが正しいもののとらえ方であるとは限りません。いつもそうだからといって、次もそうなるとは限りませんし、みんなが「そうだ」といっているからといって、そうとは限らないのです。

人は一人では生きていけない生物ですので、他者と協調することは大切なことです。それが生活や考え方の規範となってしまうのは、ある意味では仕方ないことなのかもしれません。

また、集団の中には強い者と弱い者といったような、上下関係や目に見えない階級や等級のようなものもあり、これが個人の考え方に影響を及ぼすこともあります。たとえば、「親や先生がいっていることならば間違っていないだろう」というような考えになるのもわかることです。

ただし、自分で考えず誰かの考えにおんぶに抱っこでは、新たな考えは生まれてきません。今まで考えてこなかったけれども、改めて考え直してみることで、新たな自分なりの、自分だけの考えが生まれるのです。

当たり前を問い直す

誰もが当たり前だと思っていること、考えていることというのは、すでに枝葉として育っている知識に基づいています。そのため当たり前の知識、すなわち常識を前提に考えると、思いついたひらめきやアイデアは、知らなかっただけですでに育っているということもあります。誰もが土台としている知識からは、誰でも同じようなアイデアや発想が出てくる可能性が高くなるからです。

なぜそのようなことが起こるかというと、それは知識が「この知識はこういうことで、このように使われている」というように、知識そのものと、その使い方がセットで知られることが多いからです。知識は、普遍的な動かしがたい原則の部分と、その知識をどう理解して、それをどう活用するか、運用するかといった部分に分けられます。

何か新しいものを創りたいと思うならば、既存の知識を土台にすることは避けられません。しかし、どう理解するかの部分で、その理解の仕方を変えられるならば、知識の活用方法、運用方法もおのずと変わっていきます。

たとえば、微生物の活動は人の価値観によって昔からさまざまな理解がされてきました。ある場面では「腐敗」であり、ある場面では「発酵」や「醸造」となります。微生物のはたらきは、食べ物を腐らせますが、土を豊かにしたり、食物を美味しくしたり、服用すれば毒にも薬にもなったりします。

このように一つの事象をとっても、見方を変えれば理解の方法も変わっていきます。それを、**どのような見方ができるのか考えていくことが、独自性を持った発想の第一歩になるのです。**

自分がそうだからといって、誰もがそうではない

すべての事象は捉え方によって、その理解のされ方が大きく変わってきます。たとえば、自分で長所だと思っている部分が、誰かに嫌がられる場合もあるでしょうし、反対に自分が短所だと思っている部分が、誰かにはよい部分だと思われることがあるのがそれです。

自分では「チャレンジ精神がある」と思っていても、他の誰かには「あぶなっかしい人」として受け取られていることもありますし、反対に「消極的すぎるかな」と考えていても「協調性がある人」と受け取られることもあるのです。

こういった捉え方の違いを考える上では、まず**自分が考えている当たり前を整理することが必要**です。改めて整理してみると「どうも私はこう考えているらしい」ということがわかると思います。そして、そう考えている原因くらいまで見

えてきます。そして、この原因はときにひどく曖昧なものだったりもします。自分が当たり前だと思っていたことは、実はまったく根拠がないことであったりすることもあるのです。

これを誰かが考える当たり前、世間一般での当たり前と比べてみるとどうでしょうか。いろいろな当たり前を比べてみることで、おのずと見えてくるものがあると思います。

そんな、多くの当たり前の中には、曖昧すぎる根拠をもとにつくられていて「そんな考え方はおかしい」というものから、伝統や慣習に基づいてつくられた「たしかに当たり前になっているけど、でもなにかもやもやする」というものもあるでしょう。

このように当たり前を比べていくと、その中でも気になる部分が出てきます。

そのポイントが自分なりの考えを創っていく糸口になります。

たとえば、その「もやもや」を明確にすることで、自分の新たな考えが見つかっていきます。

他の人の当たり前を知り、それを自分の中の「当たり前」と比べる。これは、言い換えるならば他の人の視点、考え方を参考にするということでもあります。こうした過程を経た上で、自分ならではの視点を再確認することができるのです。

当たり前は、置かれた状況により異なる

当たり前というのは、その人がいるフィールドによって異なります。国や地域、出身、世代、性別、家族構成、友人関係など、さまざまな要素によって大きく異なります。そんな、さまざまな当たり前を知り、当たり前の幅を広げていくことはとても重要です。

たとえば近親婚というものは過去を含め、特定の場所や地域で行われてきました。その一方で、近親婚が禁忌とされている場所もあります。

そして、そうとされる原因、あるいはされていた原因は宗教上の理由であったり、慣習であったり、倫理的なものであったりとさまざまですが、そのような教えや慣習、考え方が広まったのは、そうすることによるメリットやデメリットがあったからです。つまり、とある結果の積み重ねが、そうとする原因をつくり出

していたということであります。

当たり前の幅を広げるということは、この結果の積み重ねが、そうした当たり前をつくり出したという原因を知ることにつながります。そして、その根拠となっている結果を自分の考えでどうにか変えることができるのであれば、現状では当たり前と考えられていることを「変えられるもの」に変えていけるのです。

新たな価値を創るということは、既存の価値を見直すということでもあります。

そしてそのためには、当たり前だとされていることを、常に「本当にそうなのか」と疑う必要があるのです。

面倒がりで、手を抜くことを考えよう

新たなものを創り出す上ではどこかでチャレンジすることが必要不可欠ですが、**どのようにチャレンジしていくか、その取り組み方や姿勢というものも大事**な部分です。時間は無限ではないですし、その間にかかるコストも同様です。

このように効率を考えたとき、現状のままがいいのか、それとも大きく変えるべきなのか、では何を変えるべきなのか。その判断はとてもむずかしいものです。今まで行われてきたこと、考えられていることというのは、改善しようにも難しい場合があります。たとえば100m走では、0．01秒を縮めるために多くの研究と努力がされています。そして、その最速タイムを縮めるためには長い年月がかかります。ただ、もう少し幅広く考えてみると違った景色が見えます。

現在パラリンピックの記録は、健常者の最速記録には1秒届きませんが、一方で障害者競技における最速記録はこの20年間で1秒以上も速くなっています。このまま義足の技術が発展すれば、そう遠くない日に義足ランナーが健常者ランナーの記録を塗り替えるかもしれません。

義足を使っての最速タイムが果たして最速であるといえるかの議論はともかく、このように、今まで使われていなかった考え方や技術は、現状を大きく変えることがあります。これまでに最適だと考えられたものを突き詰めることは、すでに洗練されすぎている場合には、一部の天才が取り組んでようやく少しだけよくなるというものです。

一方で、**他の手段を考えることならばその道の天才でなくてもできます。**

そして、この両者を比べたとき、伸びしろが多いのはどちらでしょうか。こういった部分にも創造のヒントは隠されています。

ストイックであることのリスク

もちろん、やるべきことを定めてストイックに取り組んでいくことには、良い部分もたくさんありますし、むしろそれが奨励されていることも少なくありません。ひたむきに努力すること、忍耐強く、粘り強く集中して取り組むことは、それだけを考えれば素晴らしいことです。

ただし、長所が短所にもなりうることは先に述べたとおりで、ときにその厳しさを他者にも強要してしまったり、遊び心を忘れてしまったりすることにもなりかねません。そして、もっとも危険なのは、目的を決めてそれに邁進することで、判断の視野が狭くなることです。

ストイックであることは、いわば目的のための手段にすぎません。

無駄なく集中して取り組めるのが手段としてのストイックな姿勢の良さですが、そこには結果を追い求めるあまり本来の目的を外れてしまったり、手段自体が目的になってしまったりする危険性をはらんでいます。

目的や目標の設定を間違ったら修正がききにくいのもリスクを高めます。いざ方向転換するとなっても、気持ちの面でそれを受け入れられるでしょうか。燃え尽き症候群という言葉がありますが、やってみて失敗した場合はもちろん、たとえ成功していようとも続けてきたことが途切れたとき、虚脱感から逃れることはむずかしいものです。

自分さえしっかりしていれば、ストイックであり続け、必ず結果を出せると思う人もいるかもしれませんが、環境の変化がそれを阻むこともあります。少しくらいリラックスしながら継続できるほうが、最終的な成果は良いものになるのではないでしょうか。

楽をするために頭を使おう

世の中には「要領がいい」といわれる人たちがいます。そんな彼らは、勉強や仕事で、飲み込みが早く、いろいろな場面でそうでない人たちよりも優秀に見えます。だからこそ、できるなら誰でも要領がいい人になりたいと思うでしょう。

では要領の良い人が、頭の良い人なのかというと、一概にはそういえないような気がします。

たとえば、少し考えてみてください。地球上で一番足の速い動物はチーターといわれます。ここでアリとチーターと競走してもらうとします。「チーターとアリなんて勝負になるわけがない」、「もちろんチーターが勝つに決まっている」と思うでしょうが、必ずしもそうはいえません。

100m走ならチーターが勝つでしょうが、これが10m走なら、1m走なら、1cm走なら、1mm走なら、0．1mm走ならと考えてみると、体重が重いチーターに比べ、距離が極端に短い場合ではアリのほうが速いはずです。車でもそうですが、小さなエンジンの小さな車のほうが大きなエンジンの車よりスタート直後のスピードは速くなります。

では人の頭の良さはどうでしょうか。人でも頭の回転が速いとか頭が切れるといわれる人は本当に頭が良いのでしょうか。脳という頭の中のなかにあるエンジンが小さいために回転が速いことも考えられます。これは頭の回転が良くない私のひがんだ見方かもしれませんが、頭の回転の早い人は、いわば頭脳の大きなエンジンの思考部を通さずに、小さなエンジンで処理するために頭の回転が早く見えるのではないでしょうか。

要領がいい人も、これと同じです。つまり、**そのときに使うべき頭脳の機能を**

うまいこと使い分けているのではないでしょうか。そして、できるだけ大きいエンジンを使わないように、つまり「楽」をするために常日頃から工夫するように心がけているのです。

要領がいい人は、できるだけ負担を少なくしようと努力します。必要のないものをそぎ落とし、最低限の部分だけを選んでいる。つまり、楽をするためにはどうしたらいいのかにストイックになっているのです。実際に重要度が低いことは、必要になったときに向き合えば、ほとんどの場合で問題がないものです。

どうすればやらなくて良くなるか考えること。それは頭の回転が早いとか、人より記憶力がいいといった特別な能力ではなく、効率のよさを考えられているかの違いにすぎません。

目先の利益に惑わされない長期的な視点を

では、できるだけ楽をするためにはどうしたらいいのでしょうか。

それは、**何よりも面倒くさいと思うことです。** 人はできるだけやりたくないことがあるのならば、それをやらない方法を探すからです。

やりたくないことを、どうすればやらなくて済むかを考えると、そのために予防や代用を考えることになります。そして、それが新たなアイデアになっていくのです。

すでにあるもので代用できる部分は、どんどん取り入れるべきです。どんなものならば代用できるかは状況や場合によって異なるでしょうが、この場合は目星をつけた上で、詳しい人に聞くなり、そういう方法やものがないか調べるのも手です。その方が早いでしょうし、コストもかかりません。考えるべきなのは、破綻なく楽をできる方法そのものなのですから。

重要なのはどこで手抜きをして、どこでストイックになるかです。

すべてにおいて「手抜きしない」というとストイックに聞こえるかもしれないですが、これは考えるべきところで考えていない。使うべきところに労力を注いでいない。つまり、結果的には考えることをサボっているのと同じことになってしまいます。

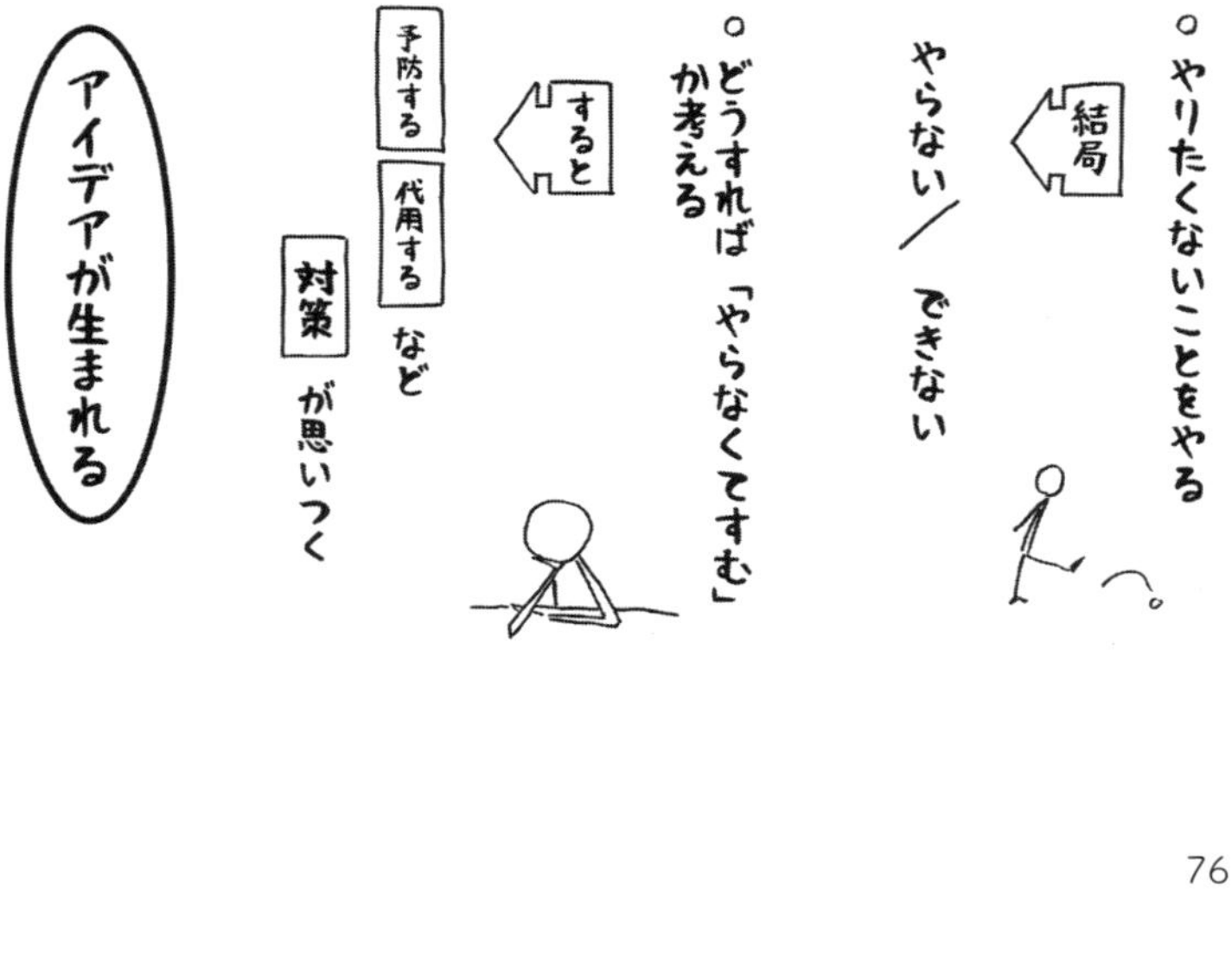

○やりたくないことをやる
結局
やらない／できない
○どうすれば「やらなくてすむ」か考える
すると
予防する
代用する
など
対策
が思いつく
アイデアが生まれる

目先の「面倒くさい」を我慢することは、効率の良い方法を考えないことと同じことです。長期的な視点でみるならば、面倒くさいことを処理する方法を見つけておくことは将来的に必ず役にたちます。面倒ごとが片付くことはもちろん、次に面倒ななにかが現れたときにも、ここで身につけた対処法に似たパターンで活用できるかもしれません。そうすれば、また楽ができるでしょう。

「面倒くさい」を回避する方法を考えること、上手にサボるための方法を真剣に考えることが、ある意味での真のストイックがあるべき姿なのだと思います。

学んだところから考えるのでなく、根っこから考え直してみよう

私たち人は、生まれるとすぐにさまざまな知識を吸収し、「何がどうなってい

るのか」「どうすれば、どうなるのか」といった物事の仕組みや知識を、経験を踏まえ学習していきます。そして、それらの経験や知識は、自分にとって大切な、特別な知識として自らをつくり上げていく糧となっていきます。

ただし、これらの知識は個人の感覚としては特別でも、一般的には誰もが知っているような常識的なものであることがほとんどです。自分では特別だと思っていた経験や知識は、同じような環境で育ったものにとって、それらは特別な、特殊なものではないからです。

そのため、特別なにかに打ち込んだりするような、多くの人とは違う環境に置かれない限り、発想力や考え方というものも似通ったものになります。思考が知識を土台としている以上、人は自分が知っていることをもとにしか考えられませんので、これは当然のことだともいえます。

しかし、現実では人の生き方はそれぞれ違いますし、その考え方にも違いがあります。その差はいったいどこにあるのでしょうか。

それは、考える上で使われる知識の差です。たとえ同じことを知っていたとしても、その知識を土台とするか、使えない知識だと判断して思考の土台としていないかによって発想は大きく異なります。

どんな知識を土台にするかが発想の価値を決める

人の知識は個人の中で無意識的に重要度の高低があり、個人の経験や感情と強く結びついた知識や、刺激的な最新の知識や経験といった情報ほど、重要度が高まります。こだわりがあるものに愛着が湧くのや、最新にアップデートされた機能を使いたくなるのに似ています。

つまり、どんなことを重視する傾向にあるのか、あるいはどんなことに興味がありアンテナを張っているのかといった部分で分類すると、無意識的に考える場合の、思考傾向の大部分はある意味ではパターン化されます。似通った発想や思考というものはこうして生まれます。

ここでは、また地球温暖化の例で考えてみましょう。

温暖化を防ぐための方法や手段はたくさんありますが、その方法にも手をつけやすいものと、手をつけにくいものがあります。たとえば、夏のエアコンの温度を上げることや、使わない電化製品のスイッチをこまめに切るといった類のことは、比較的手がつけやすいものです。こういったすぐにできることは、何かをしなければと思ったときに、すぐに思いつきやすいものです。

一方で、すぐに手をつけられない手段になると、現実的ではないためすぐには思いつきません。たとえば、止まらない森林伐採を食い止める方法などはどうでしょうか。木を切らなければ生きていけない人がいること。そして、その人たちが木を切らなくても生きていけるようにすればいいくらいの、漠然とした考えは思い浮かぶかもしれません。ただ、そのためにはどうすればいいのかといった、具体的な対策は専門で学んでいたり特別に興味があったりしない限り思い浮かばないでしょう。

このように人が思いつくことは、当たり前の知識を土台にしかできない場合、どうしても似たようなものになってしまいます。似たような発想や思考からは共感や連帯感といったよい影響も生み出されますが、新たなアイデアを生み出す、価値を生み出すという意味ではよいことではありません。

これを変えるには、**学んだ知識や最新の情報を無意識に思考の糧に使うのではなく、糧とする知識を意識的に選んでいく**必要があります。

目に見えるものが真実とは限らない

日本の教育は詰め込みだと批判されることもありますが、知識を蓄えるという意味では優秀です。そのため社会に出る頃には、思考や発想の糧となる知識は充分に蓄えられています。

ただ、なぜそれを覚えなければならないのか、学ばなければならないのかを曖昧なまま学ぶことが多いというのが、いわゆる詰め込みの問題となります。詰め込まれた知識は、その活用の仕方がわからないため、知識としての重要度が低くなるというわけです。

一方で、目の前にある有益そうな情報や興味がある知識は重要度が高くなります。そして、重要度が高いがゆえこれらの知識や情報は検証もされないまま、新たな発想や思考の糧となってしまいがちです。このような情報や知識に踊らされることは、それを意識して注意できるようにならない限り、常に内包されたリスクとなります。

少し前に義援金詐欺・募金詐欺などが話題になりましたが、「人のためになりたい」という善意でさえ、情報を知識や情報の価値を見誤らせる要因になります。目に見えるものや、自分の感情が思考に大きく影響を持つのはそのためです。

私たちが事象を眺めてみるとき、どうしてそうなっているのかという仕組みを意識しないと、事象の本質を見誤ることになります。たとえば、太陽が地上を回っているのか、地球が太陽を回っているのかは、地上から空を見上げ眺めているだけでは、前者のように感じられるのと同じです。数年前、アメリカの学会で「米国人の1／4は、地球の公転について正しく知らない」と発表されて驚いた覚えがありますが、世界の理について無自覚な人は少なくないということはなんとなくわかります。自分が見誤る可能性があることに意識的でない人、天動説的な思考に傾いてしまう人には、実際によく出会うからです。

物事の本質を見誤らないようにするためには、こだわりや感情、あるいは好みに左右されるような情報や知識を疑うことが重要です。 狭い範囲での常識や、当たり前とされていることも同様です。「うちの家ではこうだから」「うちの学校ではこうだから」「会社では……」「社会では……」「日本では……」といった常識、規範、ルール、伝統は、その中では信じられ大切にされている考え方かもしれませんが、それらの考え方は、その領域でしか通用しません。その領域にとどまった思考は、そこから抜き出ることもありません。

新たな価値を持ったアイデアや知見というものは、眼の前の常識に惑わされていては生まれないのです。

発想を創造に育てるために

誰もが思いつくものが、誰もが土台とする知識から生まれているとするならば、**新しい価値を持つ考え方やアイデアは、誰もが土台としない知識に基づいているか、もしくはその活用の方法が違うということ**になります。

誰もが活用しない知識は、すなわち活用方法が知られていないか、重要度が低いと思われている知識にほかなりません。ならば、誰もが使わない知識をもとに考えればいいのかといえば、それだけでは不十分です。使われていないということは、その情報や知識が使い物にならない不確かなものであったりするからです。

つまり、新たな発想の土台として使えるのは、普遍的で確かな考え方でありながら、あまり重要視されていない、使い方がよくわかっていない情報や知識なのです。そして、このような知識は、実は学校教育の中でちゃんと詰め込まれています。

私たちは生活する中で、日々たくさんのことを学んでいます。ただ、新しい何かを生み出すためには、そこで学んだことを土台に考えていくだけでは駄目なのです。せっかく知ったことなのだから、何かに活用したいというのは気持ちとしてはわかる話ですが、こうしたものから新しい何かを生み出すことは諦めたほうがいいでしょう。

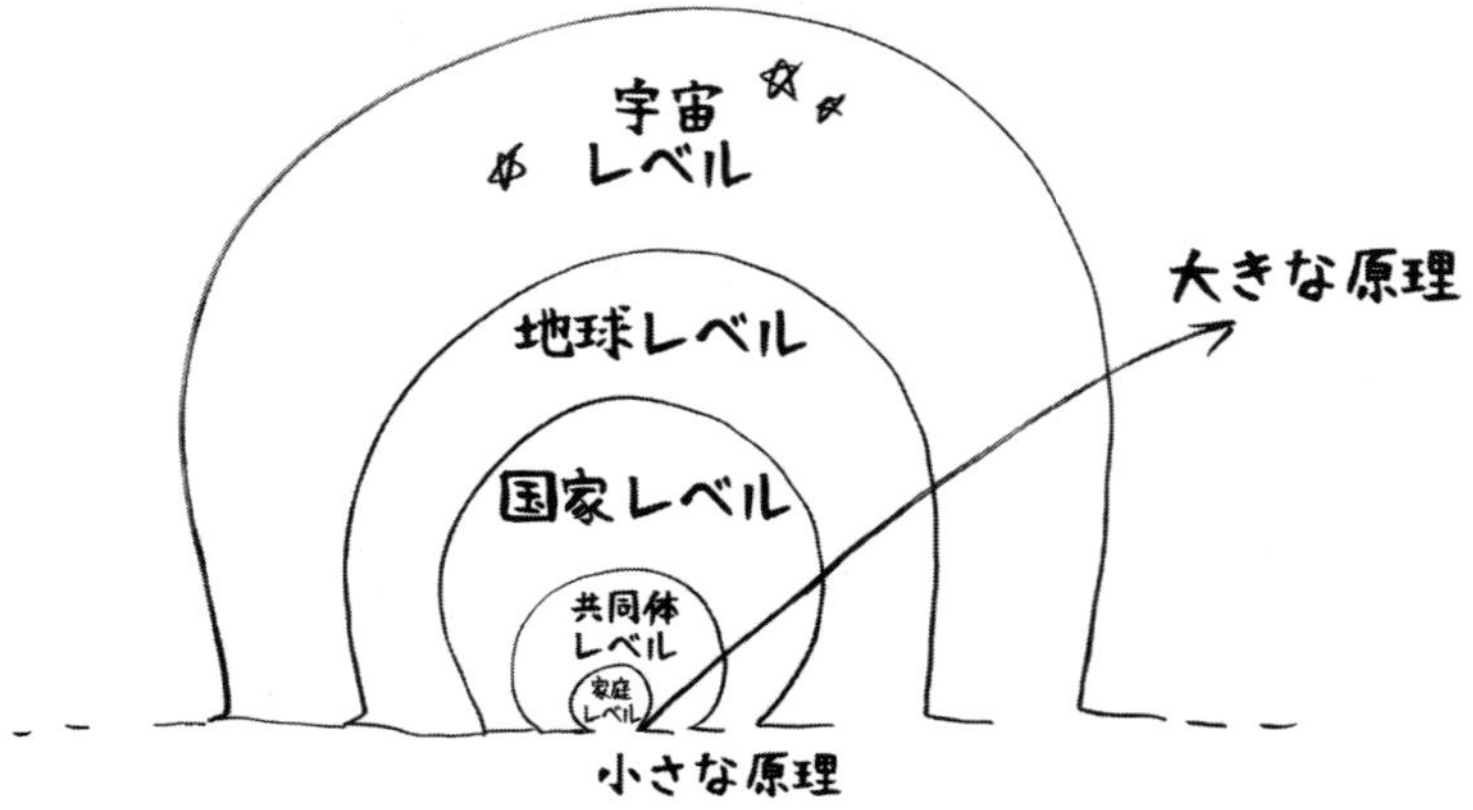

それよりも、**頭の片隅で使い方もわからず埃をかぶっている知識を引っ張り出してきましょう。**それらの知識は、実は地球規模、あるいは宇宙規模で考えても揺るがしがたい、大原則であったりします。そして、この確かで揺るがしがたい、そして上手に活用されていない根源的な知識を再確認し、そこから発想し、思考していくことが、新たな創造を育てていく上では大切なのです。

2章

新しい枝を育むために

小さな原理にはとらわれない

当たり前だと思っていることは誰にでもあることで、モラルや規則、法律などのルールをはじめ、法則やセオリーといった原理原則は私たちの周りにあふれています。このような原理原則は一見すると動かしがたいことのように感じられるもので、私たちはついこのような原理原則にとらわれてしまいがちです。

ただし、これらの原理原則は、一つひとつ個別に見ていけば、それぞれ質としては異なったものです。それは、それぞれの立場やフィールド、バックグラウンドによって違うもので、ときにいかようにも変化するものがある一方で、動かしがたい普遍性を持ったものもあります。この見極めができるかは、その人の想像力に大きく関係しています。

たとえば「他人のものを盗んではいけない」というモラルは、普遍性を持った動かしがたい価値観のように感じられますが、明日を生きるのにも困る貧しい地域に住む人たちのあいだでは、「いかに豊かな者から盗めるか」の方が重視されることもあるかもしれません。

このような**自分とは違う人たちの立場で、ものごとを俯瞰的にイメージできるかどうか**は、アイデアを生み出し、育てていく上では欠かせない能力です。

一方で、誰の立場でも変えられない普遍性を持った原理原則もあります。それは、たとえば「地球は丸い」といったことや「宇宙は膨張している」といった何人も変えることができない、揺るがしがたい原理原則です。このような原則は、普段意識することもないですが、決して無視することのできない大原則です。

そして、このような大原則を無視している、大原則を踏まえていない発想は、アイデアとしては妄想の域を出ません。

つまり、創造の芽を育てていくためには**「大原則を厳守しながら、小さな原則に振り回されない」**という視点が必要になるのです。

生まれたてのアイデアは赤ん坊と同じ

アイデアには、一度生み出されたらあとは勝手に育っていく部分があります。

まっさらな状態のアイデアは、生み出した者はもちろん、そのアイデアを知った周辺の人たちの影響を受け、育っていくのです。これは、人の赤ちゃんにも似ています。

赤ちゃんが親の真似をして、人としての所作を覚えていくように、生まれたてのアイデアも親の真似をして育っていきます。生まれたてのアイデアには、無意識に自分や人々の願望や欲望が反映されます。何気なく、意識せずに、考えたり行っていたりすることが、アイデアにも影響していきます。自分自身が、小さな原理にとらわれているならば、いつのまにかアイデアにもそれが反映されているということがあるのです。

無意識的に小さな原理にとらわれている場合、その発想はその小さな原理の幅よりも拡がりをもちません。そのため、その幅から飛び出てしまった場合、自分の中で「これはできない」という諦めが生まれます。一方で、その幅にとらわれることがなければ、自由な発想ができるということになります。

では、自分が普段意識せずに感じていること、考えていること、理解していることをすべて意識化し、アイデアへの影響をコントロールしていくことができるでしょうか。そんなことは、よっぽどの天才でなければできないでしょう。少なくとも私たち凡人にとっては、やろうと思ったとしても、とても労力がいることです。

ただし、たとえ意識的にアイデアを育てることができていないとしても、それは悪い影響ばかりになるとはいえません。その人が、どんな原則を当たり前として受け入れ、行動しているかは人により違いはあるでしょうが、そこには良い部分、素晴らしい部分もたくさんあるはずです。

そして、なにより**無意識のこういった部分は、その人らしさが現れる重要な部分**でもあります。多少ひねくれていても、自分らしいアイデアならば優れたアイデアに感じられるものです。自分の子どもが可愛くて仕方なく感じられるのと同じです。

小さな原理にとらわれないことは大切なことではありますが、もっとも大切なことではありません。言ってしまえば私がここで述べていることも、ある意味では小さな原理の一つにすぎません。つまり、小さな原理から逃れようとして、他の小さな原理にとらわれるということはよく起こり得ることなのです。ただ、この行為によって最初の小さな原理にとらわれていた以前にはなかった「納得」が生まれます。

納得することは、アイデアを育てること自体に向き合い、悔いを残さないようにする上では重要なことです。自分自身、あるいはアイデアがとらわれている小さな原理を見直し、自分ならではの納得を得るためには、まずは小さな原理にはとらわれないでいようという姿勢が重要なのです。

小さな原理
・みんな頑張ってるから自分も頑張らなきゃならない
・勉強しないと馬鹿になる
・安くなければ売れない
・流行遅れだ
・お客様は神様だ
etc.
うーん こりゃダメか…
えっ なんで!?
とらわれる人
とらわれない人

育てる者が楽しむことが大切

自分が生み出したアイデアが、思い通りに育ってくれない。発展してくれないということはよくあることです。可愛くてしかたない子どものようなアイデアが、現実にはそこまで評価されない。こんなときに人は感情的になり、イライラしてしまうものです。

理想と現実のギャップによって生じるこのような想定違いは、いうまでもなく先入観によって生み出されます。そして、先入観を拭い去り、現実を受け入れる。これが納得するということでもあります。**納得するということは、言い換えるならば、「わからないまま」、「なんとなくのまま」、「モヤモヤしたまま」で放置しておかない**ということです。

不明瞭だったことが明確になっていくことは、人が成長する上で欠かせないことであり、この成長が人に充実感をもたらせます。そして、今までわからなかったこと、わかっていなかったことが、はっきりすること。それを理解し、納得することが充実感や満足感を生み出すならば、それは喜ばしいことであり、楽しいことでもあります。

この成長は、アイデア自体の成長に直結します。自分の中のモヤモヤやイライラを放置せずに、その原因を理解し、納得することが理想と現実のギャップを埋める上で欠かせないならば、先入観にとらわれていないアイデアもここから生まれ、育っていきます。逆にいえばアイデアを育てる上で、それが自分にとって楽しいことであるか、嬉しいことであるかは、そのアイデアが先入観にとらわれていない価値あるものであるのかを判断する要素にもなります。

常識からアイデアを守るために

こうして自分で考え、自分で納得していくことによって、アイデアにも自分らしさというものが生まれてきます。

自分らしさというものは、ときに常識を打ち破る原動力になります。自意識を持つ人間にとって、世界にどんな原則があろうとも、この世は所詮、自分対世界です。世界が「あなたはここがおかしい」といってくることは日常の中では珍しいことではありませんし、人はそれを受け止め、自分なりにどうするか考えます。一方で、自分がおかしいと思ったこと、考えたことを、世界にぶつけること、問うことができます。

実際に問うた結果がどうなるかはともかく、自分が考える中で生まれてきたアイデアには、世界に考えさせるだけの力があります。もちろん世界が考えた結果、そのアイデアが無視されたり、受け入れられなかったりすることもあるでしょう。それは理想と現実、あるいは自分と世界のギャップを埋められていないということになります。言い換えるならば、自分のアイデアが世界の常識に打ちのめされたともいえるでしょう。

そのときにどうするのかが、そのアイデアの行く末を決める大きな分岐点となります。感情的になってイライラしたり、落ち込んで諦めたりするのでは、アイデアの成長はそこでストップしてしまいます。ここで前向きになれるかどうかが、アイデアを成長させる鍵となります。

世界から、常識から受け入れられなかった、認められなかったことは大きな問題ではありません。それを踏まえた上で、ギャップを埋めようと自分で考えて、自分なりに小さな原理から解き放たれた上で納得できたならば、そのアイデアはさらに成長します。そして、その成長したアイデアはより強い説得力を持って、再び世界に問うことができるのです。

アイデアを守り、育んでいくということは、常識に負けず、諦めないで考え続けるということなのです。

関連する知識は調べない

わからなかったことがわかるようになったとき、その納得感、もやもやしていたものがすっと晴れていくような感覚というものは、自身の成長や充実感、達成感と相まってとても気持ちいいものです。だからこそ人は勉強するし、学ぼうとするし、調べようとします。

また、知らないと社会的に問題になる、あるいは知らないと恥ずかしいといった理由から、必要に迫られて勉強したり、調べたりすることもあります。この場合は、仕方ないからやっているだけで、「わかりたい」「知りたい」といった自発的な動機ではなく、「問題をなくしたい」、あるいは「恥ずかしくないようにしたい」という、外的要因に端を発しています。

このような**外的な事象を動機として、何かを学んだり調べたりしようとする場合、いくつか気にしておくべき点**があります。

一つはモチベーションの問題です。勉強するということは、自発的な動機に基づいていない場合、つまりなにか別のご褒美のために行う場合には応用性を欠きます。目的のための手段だととらえ、常に最短距離を進もうとしがちだからです。そのため、学ぶ過程の中で自分なりに考えたり、発想したりしようという意識が下がってしまうのです。また継続していく上でも「やらされている」、あるいは「やらなければならない」という気持ちでいるならば、それは大いに負担となります。

次に問題解決の方法として、勉強することや調べることが本当に正しいのかという問題があります。間違った知識を学習してしまったり、知る必要がないときにも調べてしまったりして、余計な知識を身につけてしまうという可能性もあるのです。

そして、最後に知らないことを指摘されたとき、反射的に学んだり調べたりすることが習慣になってしまう問題です。勉強するということは、アイデアを生み出し、育む上では諸刃の剣となります。知らない知識を蓄えることには価値がありますが、勉強していることが小さな原理なのか、大きな原理なのかが自分では判断できないことも少なくありません。

習ったこと、学んだことをそのまま受け入れるということは、悪い言い方をするならばその方向へ洗脳されることと同じでもあり、新たな発想の幅を狭めることにもなります。学ぶこと、調べることにもリスクはあるのです。

調べることのメリット

「人に聞くな！　自分で調べろ！」

学校や職場で聞かれるような定番の言葉ですが、これは確かにその通りです。現代ではインターネットで検索すれば、あるいは聞けば答えてくれるような環境が整っています。誰かの手間をとらせずとも、自分の知りたいことは簡単に調べられます。限られた時間を有効に使いたいという、現代人らしいライフスタイルに基づいた方法でもあります。

自分で調べることには、いいこともたくさんあります。単純に知らない知識が増えますし、これまで抜け落ちてしまった知識を再確認することもできます。学校だけでは覚えられない大原則もありますので、それを学び直したり調べたりすることには意味も価値もあります。また、自分のペースで納得いくまで調べることもできます。

調べられる知識や情報というものは、基本的には過去の事例や、過去に誰かが考えたことになりますが、そこに自分の問題解決のヒントがあることも少なくありません。アイデアとは問題を解決する方法であると仮に定義した場合、すでに解決した事例があるのではないか。そう考えて調べるのは当然のことです。もしも似た事例があるならば、調べた情報は欲していた答えに直結しています。調べるだけで答えに近づけるならば、なによりもスピーディです。

ただ、忘れてはならないのは、**学べることや調べられることは、あくまでも過**

去の事例であるということです。そういった知識は参考にはなりますが、それは決して答えではありません。なぜなら、**人は過去から学ぶことはできますが、それが未来に生かされるかはその人次第**でもあるからです。

無意識をコントロールするのは難しい

学ぶことや調べることを通じて、**一番注意しなければならないのは、その情報や知識を無検証に信じてしまうこと**です。

信じるという行為には、いくつもの落とし穴があります。知識を盲信してしまった結果、自分で考えなくなってしまうこと。そのために、定型にとらわれて思考の幅を狭めてしまうことなどさまざまです。

また、将来性を過去の判断可能なデータだけで決めてしまうことも大きな問題です。

これは創造力とは真反対の行為です。過去のデータとその集積というのは、どのように分析するかによってその見方は大きくかわります。しかし、その見方を一つのパターンで行うのならば、一見しただけでは論理的に考えられる分析も、小さな原理となって創造力や発想力を働かせる上での足かせとなってしまうのです。

こういった**思い込みに気づかせてくれるのが、自分ではない誰かとのコミュニケーション**です。調べて得た知識は信じてしまったとき、それを検証して指摘してくれる他者の存在は貴重です。人は自分が間違っていることには気づくことができません。なぜなら、間違ったまま覚えていて、それを正しいものだと信じているからです。つまり、**人は間違えるとき、往々にして無意識に間違う**のです。

無意識というのは、言い換えれば「そうすることが習慣づけされている」ということでもあります。人はこの習慣を見直すことで、間違いをなくそうとしてきました。それは無意識をコントロールしようとしてきたということにほかなりません。

たとえば、箸の使い方を直すこともそうですし、爪を噛む癖をやめようとするのもそうでしょう。日々の生活の中に無駄をみつけ、その時間を有意義なものに変えようとすることもそうですし、ときには心機一転するために環境をリセットしたりすることも、無意識をコントロールしようとする行為につながっています。

ただ、このようなことには裏もあります。身につけるということは、それまでの何かを捨てるということにほかなりません。現在、電車に乗ればスマートフォンをいじっている人たちがほとんどですが、ほんの数年前までは別の風景が広がっていました。彼らが何を得て、何を失ったのかはわかりませんが、おそらく現在では当たり前の習慣になっているものなのでしょう。

栄養はバランスよくが大事

習慣ということでいえば、創造者として一つ、ぜひとも習慣づけしてほしいことがあります。それは当たり前なことを、**常に問い直す癖**をつけることです。「なぜなのか」、「本当にそうなのか」、「本当に必要なのか」といったことを、しっかり考え、検証するように心がけることは、思考する上では欠かすことのできないことだからです。

新たな創造の枝葉を育む上で、これまで知らなかった知識は確かに栄養になります。

しかし、その栄養を与えすぎると、すでに育っているものと同じものになったり、栄養がかたよって弱い枝葉になったりしてしまうことになりかねません。だから、調べて得た知識のほかに、**自分で考えた知見を、栄養として注ぎ込む必要がある**のです。

新しい価値や発想を生み出したいのであれば、アイデアの重要部分、あるいはそれに関連する部分は過去のなにかから汲み取るのではなく、新たに考えられるべきで

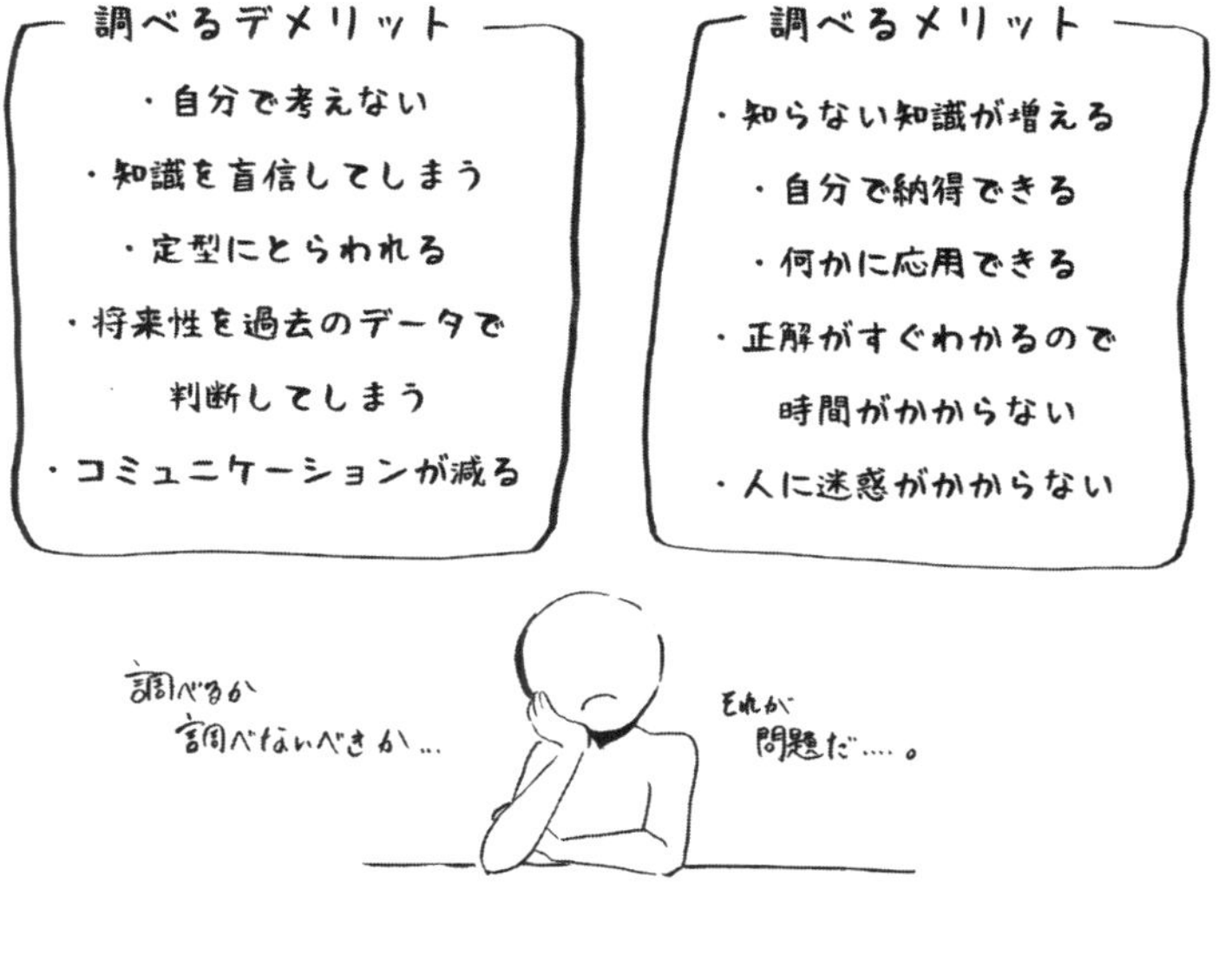

調べるメリット
・知らない知識が増える
・自分で納得できる
・何かに応用できる
・正解がすぐわかるので時間がかからない
・人に迷惑がかからない
調べるデメリット
・自分で考えない
・知識を盲信してしまう
・定型にとらわれる
・将来性を過去のデータで判断してしまう
・コミュニケーションが減る
調べるか調べないべきか…
それが問題だ….。

す。そして、そのときにしか役に立たないような重要度の低い知識はさっさと調べて手早く処理してしまいましょう。

逆をいえば、**関連する知識は調べなくてもいい知識**です。別に知らないからといって問題でも、恥ずかしくもありません。むしろ、考える幅を狭める知識だと割り切って、どうすれば新たな価値を生み出せるか、理解してもらえるか、認めてもらえるかを考えることにその力を使うべきです。

専門外のことを行う

人はいつも同じことをやっていると、次第に頭が固くなっていき、同じようなことしか考えられなくなります。

ときには、気分転換やリラックスすること、息抜きすることも大切です。いつもと違うことをする。これが発想を転換させるよいきっかけになります。

新しい価値を創り上げていく上で、発想の転換は一つの、かつ最もメジャーな方法だといえるでしょう。発想の転換というものは、一つの凝り固まったものの見方を変え、別の視点から見てみたり、新しい見方で見ようとしたりすることです。**発想の転換とは、簡単に言ってしまえば物事を俯瞰して見るということ**です。いつもいる場所からではなく、別の場所から眺めてみる。文字通り、立場を変えて見てみることが大事です。そこで発揮されるのが想像力です。たとえば、**自分の年令を幼くしてみたり、性別を変えてみたり、タイムスリップしてみたり、有名な誰かになりかわってみたり**といったことを、頭の中でイメージし、そこからいつもとは違う景色を眺めてみるのです。

こういったことを無意識的にできる人は、頭を柔らかくする習慣を身につけている人であるといえるでしょう。そういう人たちは、新しいものが好きで、新製品に興味があったり、行ったことのない場所に行ってみたいといったりという、好奇心が旺盛な人たちです。

新しい体験をしてみることは、視野を広げるいい機会になります。いくつになっても、何をしてみるにせよ、初体験というものはドキドキするものです。好奇心も満たされ、ちょっと楽しくなります。そして、このような新鮮な体験が固くなった脳を柔らかくほぐしてくれます。

知らないことは必死に勉強する

とはいっても、新しいことを始めるのは勇気がいることなのもわかります。自分の専門外の事柄というものは、基本的に知らないことだらけです。新しいことを始めるのに躊躇するのは、このハードルを越えることが大きなネックとなっているからです。

慣れ親しんだ環境には安心感がありますが、新しい環境や慣れない場所には不安がついて回ります。「上手くやれるのか心配だ」、「失敗したら恥ずかしい」といった、さまざまな不安に囲まれることになります。これが行き過ぎると、人はパニックをおこしてしまいます。だから、より安全な、慣れ親しんだ環境をよしとして、その領域から出ることを億劫がるのです。

しかし、**新しいアイデアを生み出したいのならば、新たな価値を創り出したいのならば、いつもいる領域にとどまっているわけにはいきません。**そこで、負担のない程度にその領域を踏み出すことが必要になってくるのです。いわば、日常をほんの少しだけ外れた、非日常の世界です。

たとえば、少し気になっていたけど、足を踏み入れたことのない路地裏に足を進める場合、どんな気分になるでしょうか。気になっていたということは好奇心を持っていたことでもありますし、足を踏み入れたことがないということは不安もあったということでしょう。ただ、ここで誰かが一緒に行ってくれるとするならば、不安は少しだけ軽減されて、好奇心が勝ることになります。

また、誰かが一緒になったことで、「行動しなければならない」という選択圧がかかることにもなるでしょう。これが決断を強く後押しします。こうした、ささいなきっかけが現状を大きく変える発端となることはよくあることです。

一度そのような新しい領域に足を踏み込んだならば、することはどちらかしかありません。一つは、元の領域に帰ること。もう一つは、その領域にとどまり新たな知見を広げることです。この両者の差は、突き詰めれば不安が勝つか、好奇心が勝つかの差にほかなりません。そして好奇心が勝ち、そこに留まる場合、人はそこに新たな安心する領域をつくるために、必死になって新たなことを学ぶのです。

それは、ちょうど人生の節目となるようなときに、新たな環境の中で自分の居場所をつくっていく感じに似ています。学校が変わった、勤め先が変わった、引っ越した、結婚した、子どもが生まれたといった環境の変化は、不安でもあり楽しみでもあるそんな気持ちです。

その新たな楽しみを自分のものとして確固たるものにするため、人は必死になって学びます。自分で考え、どうにか工夫します。そして、学ぶほどに不安が薄らいでいくのを感じます。これは、慣れ親しんだそれまでの場所ではなかなか味わえない感覚です。

そこからかつて自分がいた場所を振り返ってみると、これまでには見えなかったものが見えてくるのです。

教養がアイデアの土壌を豊かにする

こういった自分の専門外の知識、あるいは自分の居場所では役に立つかもわからない別の領域の知識のことを、無駄だと思う人もいるかもしれませんが、それは少し違います。むしろ、こうした**すぐに使えない知識にこそ価値**があります。

すぐに役に立つ知識というものは、言い換えるならばその領域における常識であったりセオリーだったり、小さな原理だったりします。このようなすぐに使える知識は、ちょっとしたきっかけでその質が変わってしまいます。常識やセオリー、小さな原理というものは、古くなると使い物にならなくなることがよくあります。**すぐに役に立つ知識ほど、すぐに役に立たない知識になってしまう**のです。

一方で、すぐに使えない別の領域の知識というのは、使い方がわからない知識ともいえます。そして、その知識を使おうとすると、思考は自然といままでの領域を飛び出すことになります。これが思考の幅を広げます。

すぐには使えないけれど、思考の幅を広げてくれる知識のことを「教養」といいます。

教養がない場合、思考が別領域に飛躍できないため、特定の枠の中でしか活かせない、使えないといった、融通の効かない思考しかできなくなります。

たとえば、商売をする人たちは、お客がどういう人なのか、どんな人に向けた商品をつくればいいのか、どう売り出したらいいのかといった具体的な枠組みの中で考えたり、分析したりします。これは、流行り廃りによって変わっていくものですので、常に最新情報に更新しつづけなければならないものです。だからこそ専門性が担保されているともいえます。

一方で、教養があればまた別の視点を持つことができます。

お客といっても人間であることには変わりありません。人間といっても動物であること、動物は生物であることも同じです。ならば、人間や動物、生物の欲求とお客の欲求には根本的な違いはないはずであるといった考えができるようになります。これは小学生の理科レベルの知識ですが、思考を飛躍させるという意味では立派な教養でしょう。

このように、**教養は発想やアイデアに新たな着眼点を加えます。**使いすぎてやせ細った発想やアイデアの土壌を豊かにしてくれるのです。

武器になるものを専門外から探そう

人には誰しも強みと弱みがあるといわれます。では弱みのない人というのはどういう人のことを指すのでしょうか。それは、何でも卒なくこなせる隙のない人のことです。

これは言い換えれば、誰もができて当然なことを、当たり前にできるということでもあります。人には、得手不得手というものがありますので、どうしても苦手な部分が出てきてしまうもので、誰もができて当たり前のことでも、どうしてもできないことがあります。しかし、弱みのない人にはそういった当たり前のことならば、なんでもできる。常識的なことならば何でもこなす。そういった意味で、隙のない人なのです。

では強みを持っている人というのはどういう人のことでしょうか。それは、まさに他の人が持っていない特別な能力や思考を持ち、常識を打ち壊すような新たなアイデアを生み出せる人のことです。つまり創造力とは人にとって強み、世界を渡り歩いていく上での武器となるものなのです。

このように常識を打ち破ることができる人は、得てして変人であったり、異邦人であったりします。彼らのようないわばアウトサイダーは、既存の常識や慣習といった小さな概念に頓着がありません。また、そこでの常識を知らないため、あるいは知っていても他のやり方を選ぶため、他人からみると自分なりの考え方で問題を解決しているようにみえます。そして、既存のやり方とは違うため、新たなアイデアや方法に見えるのです。

強み、あるいは創造力を育みたいのならば、安全ないつもの場所にいるだけでは難しいでしょう。

専門外のことに秘められた３つの効果

1　知らないことだらけなので必死になって勉強する（向学心の高まり）

2　普段と違う考えにふれることで頭が柔らかくなる（知識の柔軟性）

3　専門のものに応用できる知識を発見できる（新たな発想の種）

自分の知らない新しい領域は、たしかにわからないことだらけで不安もたくさんあります。しかし、そこには現状を一変させるような知識や知見が転がっているかもしれません。よく見た目はひどくグロテスクなのに、とても美味な食材を指して、「これを初めて食べようと思った人はすごい」などということがありますが、そのはじめてのときにもおそらく不安と好奇心の狭間での葛藤があったはずです。

しかし、このような**向こう見ずな、あるいは勇気ある行動に基づいた発見が、新しい価値を生み出していく**のです。そして、ここにはない知識を求め、その一歩を踏み出しチャレンジしていく姿勢こそが、創造を育んでいくのです。

学者でなく考える者であれ

知識を増やし、広げていくことは重要なことです。

知識は考える上での土壌になるものですし、そもそも自分が知らないことを考えることは基本的にはできません。それは、知識が概念をつくり出し、人はそれを元にしか考えることができないからです。これは大原則であるといってもいいでしょう。

知識を増やすことは、読書をしたり、旅行をしたり、映画を見たり、いろいろな体験を経る中で達成されることです。このような知識を効率的に得られるように考えられているのが、学校教育のプログラムであり、勉強や体験、あるいは暗記といった過程を経て、知識をインプットしていきます。

一方で、新しいアイデアを生み出すためのプログラムというものは、学校教育においては重視されてきませんでした。それはこれまでの受験システムという構造の中で必要性が高くなかったこともそうですが、これまでやってこなかったことなので教え方がわからないということも一つの要因だったのでしょう。

考え方というものは、知識を吸収するように黒板の板書を書き写すようなことでは身につけることができません。だからこそ、恩師となるような人に弟子入りして、その人の考え方を真似ていく。あるいは、身近な大人や書物の考え方に影響されていく。そんな風にして考えるという行為にようやく向き合うような状況があったように思えます。

また考え方とは、書き写した知識をどのように活用するかの段階であり、そこで何よりも大切なのは自由に考えることです。**自分の中にためこんだ情報や知識、経験を開放し、自分なりに活用する**ことです。それを教える、あるいは勉強するということは、思考を形式化、パターン化するということになってしまいます。考え方を教えるということ自体が、ある意味ではナンセンスな部分を含んでいるのです。

学ぶべきなのは考え方

現在では、そんな状況も少し変わってきました。これは、一つはインターネットの普及とそれにともなう情報化社会の実現によるものです。

知識はネットにあふれていますし、必要になったらいつでもすぐにアクセスできます。もちろん、規則や法律といった社会で生きていく上での最低限の知識や、教養を育てるような知識については、考える上での基盤となるものですので小さい頃から積み重ね知っておくべきでしょう。ただし、そんな状況で必要以上の知識を学んでも仕方ない。覚えることばかりに時間を使うのは効率が悪いので、その時間を減らして空いた分は、課題に対してどうすればいいのかを自分で考えるような取り組みを行っていこうという風に変わってきています。

このような流れはよくわかりますし、考え方も理解できます。知識はあくまでも使いこなせてこそ価値があります。そして活用し、使いこなすために必要なのは、上手に考える方法を知っているか、わかっているかなのです。何を知っているかよりも、**どう考えればいいのか自分なりの考え方を鍛えているほうが、より多くの発想や新たな価値を創り出せる**のです。

ただし、ただ思考パターンをたくさん知っているだけでは足りません。

考え方というものは、過去の事例をふりかえってみれば確かにパターン化したり法則化したりすることはできます。その中で、解決率が高いやり方、新たな発想が生み出しやすいやり方などもあるでしょう。

しかし、考え方には正解はないですし、たとえ過去に上手くいっていた考え方でも、必ずしもうまくいくとは限りません。だからこそ、自分で考え、どのような方法がいい結果になるのかを見極める力を養っていかなければならないのです。**考え方はいくつもパターン化できます。しかし、それを使いこなせるかといえば話は別です。知識も考え方も、使い方次第なのは同じなのです。**

センスの良さは天賦の才なのか

どのような考え方が正解なのか。これを結果から判断することはできなくはないでしょうが、考えているそのときに瞬時に判断することは難しいことです。どれだけ分析に長けた人であっても、それは同じでしょう。

一方で、これをすんなりできてしまう人もいたりします。私たちはそういう人のことを、「センスがいい人」と呼びます。

センスとは厳密には五感のことを指しますが、一般的には判断力に優れていることや、人よりも感性が鋭いといった能力のことをいいます。そして、センスのいい人はこうした能力を自覚的、もしくは無意識的にも発揮できてしまう能力を持っています。このような能力は新たなアイデアを創造できるかにも深く関わってきます。

そもそも、判断力の優秀さや感性の鋭さというものは、具体的に測定することがむずかしいものです。それは状況や環境によって判断材料は変化するからです。これは感性も同じです。このように変化する状況、環境の中で、適切な判断ができるかどうかは、分析してもデータ化することはむずかしいですし、また誰もがわかる数値のような単純化もできません。だからこそ、多くの人がセンスをなにか天賦の才能のように感じ、羨ましいと思うのです。

でも、こう考えてみたらどうでしょうか。

センスがいいということは、**「考え方のパターンを理解し、それを使いこなせているということである」**と。つまり、知識を理解し、それを適切な考え方で活用できていることを、センスがいいと呼んでいるだけなのではないでしょうか。

こんな風に考えるとセンスがいい人というのは、いわゆる要領がいい人にも似ています。ためしに自分の周囲の人の中で、センスのいい人と要領のいい人を思い浮かべたとき、私は同じ人が浮かびました。それは、どちらも優れた判断力を持っている人を指す言葉だからにほかなりません。そして、その根底にあるものは、普通にやっていては普通よりよい結果や成果は得られないということに自覚的であるということです。

センスがいい人は、普通では駄目だということを知っています。それを生きる上での指針にしている場合すらあります。だから、**何がいいものなのかを常に問**

い直し、考えています。要領のいい人も同じで、普通にやっていたら楽なんてできないとわかっています。これは常識や小さな原理といったことに縛られず、自分なりに考えた結果であり、その考えに納得しているから迷いなく迅速に決断、判断できるのです。

センスがいい人というのは、間違っても流行に敏感な人のことではありません。周辺の知識を自分なりに考え、解釈して、自分の感性に取り入れて活かしている人のことを呼ぶのです。

奇抜さと定番の合間を狙え

普通では駄目だということを意識し、それが少しいい感じに上手くいったとき、一つ注意しなければならないことがあります。それは斬新すぎたり、奇抜になりすぎたりしてしまうことです。これは、一つの成功体験によりかかることで、考え方の指針を見誤ったり、もしくは考えなくなったりしてしまった場合によくみられます。

たとえば、欧米のファッションショーなどで高名なデザイナーの作品が奇抜で斬新なことには特に違和感を覚えませんが、その服を着た人が通勤通学の電車に乗っていたらどう思うでしょうか。やはり、ちょっと引いてしまうのではないでしょうか。どのくらい斬新であればいい

アイデアの実らせ方も工夫が必要

のかは加減がむずかしいのです。

私たちは、斬新さや奇抜なものに刺激を受けながらも、一方で定番なものも好みます。「とりあえずビール」の美味しさや、「キャンプのカレー」の楽しさ、時代劇やハリウッド映画のようなお決まりの痛快さには、なじみ深いものを感じます。また、調律がおかしい楽器で演奏された音楽には、特別な知識がなくとも違和感を覚えるくらいには、変なこと、いつもと違うことを察知する能力が備わっているのです。これは、先に述べた好奇心と安心感にも通じる、人の心理です。

アイデアは誰かと共有するものである以上、受け入れられなければ意味がありません。

当たり前すぎるアイデアに価値がないのはいうまでもありませんが、斬新すぎても受け入れてはもらえません。たとえそれが凄いアイデアだったとしても、それが限られた人にしか理解されなければ、いわゆる早すぎた発想になってしまいます。

創造の枝葉はあまりに尖りすぎると、強度がもろくなって折れてしまうことがあります。そして一度折れてしまうと、その失敗から挽回するのはむずかしいことです。自らのアイデアを着実に伸ばしていくためには、太くたくましくすることも忘れてはならない大切なことなのです。

解決策を追加するのではなく、問題を取り除く

アイデアがひらめいたときは、これで色々と凄いことができるかもしれないと期待が膨らむものですが、もちろん実現できるかどうかの判断はむずかしいところです。

ひとつは実現できたとしてその準備が本当にできるのかという問題があります。時期やタイミングは今でいいのか、実現するためにお金はどのくらい必要なのか、実現するための時間は、知識は、人や物は足りているのかといった、さまざまな課題が浮かび上がってきます。

その課題の解決方法も色々と考えられるでしょう。たとえば、お金が必要ならば、貯金を切り崩したり、誰かに借りたりすることで対応できます。ただ、本当に貯金を使っていいのか、借りるなら誰から借りるのか、どのくらい借りるのか、ちゃんと返済できるのかというように、さらなる課題が生まれます。そして、さらにその解決方法を探すために、自分で決めるべきか、誰かに相談したほうがいいのかといったように、解決しなければならない課題はねずみ算式に増えていきます。

一方で、そこでお金がかからないように新しく考えるという方法もあります。

つまりアイデアの改良です。**原因さえとりのぞければ、それ以上課題が増えていくことはありません。**ただし、本当にそんな方法があるのかはわかりませんし、あったとしても実現可能かもわかりません。さらに創造力を働かせ新たなアイデアを見つけ出さなければならないのですから、当然かかる時間は増えます。

代替案に潜む罠

アイデアを実現するために試行錯誤していると、どうしてもこのような壁に突き当たることになります。そこで、一つの方法としてよく使われているのが、代替案を使うという方法です。

代替案は、本来のアイデアよりは効果やスケールが落ちるけれども、そのぶん解決しなければならない課題は少ない、課題をクリアしやすいアイデアということになります。

代替案を考える、使うことには良いことがたくさんあります。そのため、あらかじめ代替案を考えておくことは、当たり前のように行われています。代替案があれば、少しの躓きくらいならばすぐに乗り越えられますし、ちょっとした壁でアイデアそのものを潰してしまうこともありません。そのため安心感も得られますし、予め用意しておけば解決にも時間がかからない。いいこと尽くめに思えます。

しかし、それはそう思えるだけであって、いいこと尽くめのことなんてありません。代替案を用意するのにも時間と労力はかかりますし、そもそものアイデアがスケールダウンしているのですから、ベストには程遠いアイデアです。

このように、ベストのアイデアとは違うことに労力をとられると、モチベーションは大きく下がります。**本来のアイデアの本筋とは違うこと、つまり本当に実現**

したいアイデアではないからです。代替案はあくまでも保険や、リスクを減らすためのアイデアにすぎません。

また、代替案によって得られる安心感は、ときに真剣さを損なうことにもなります。「どうせ、代替案を使えばなんとかなる」という気持ちが、本来育んでいくべきアイデアの成長を妨げるのです。

代替案を使うことは、確かにアイデアを創り出すという意味では、素早くなり、実現の可能性を高める方法です。しかし、そのアイデア自体は本来のアイデアとは違うものになってしまいます。**どちらにどれだけのメリットがあるかは状況によって異なりますが、使うならばよく考える必要があります。**

問題がどこにあるのかを特定する

本来のアイデアにこそ価値があって、それを変えてしまうことですべて良くない結果になるわけではもちろんありません。わかりやすく分けて考えるならば、**変えることによって改良になるか、改悪になってしまうのかの見極めが重要**なのです。

改悪になってしまうポイント、つまり変えてはいけないポイントは必ずあります。具体的な何かを解決するためのアイデアであることが、動かしがたい大前提である場合、そのアイデアがどんな価値を生み出すためのものなのか、どんな効果をもたらすのかというテーマ、適切なタイミング、それを実現する人という部分は動かせません。

たとえば、「あるグループが仲良くなるために、パーティを開く」というアイデアならば、その目的と、「いつ」「誰が」の部分を変えてしまっては意味がありません。変えていいのは、場所や予算、パーティの内容の部分になります。この辺のポイントが揺らいでしまうと、アイデアとしては機能しません。

ただ、そもそもパーティを開くことで本当に仲良くなれるのかという問題もあるでしょう。詳しく話を聞いてみれば、そのグループがあまり仲良くなれないのは、「他にやることがありすぎてかまっている時間がない」「仕方なくそのグループにいるだけで本来は興味がない」「グループの一人が嫌いだ」といった人たちの集まりだったからかもしれないからです。

この場合ならば、必要なことはそのグループの有意義さを周知し、理解し、納得してもらうことや、感情的なわだかまりや誤解を解くことにあります。そう考えたとき仲良くするためのアイデアとして、パーティを開くというアイデアが本当に適切なのかというと、さすがに疑問符をつけざるを得ません。仲良くなるという目的に合わせて、パーティという内容を別の内容に変えたほうがいいでしょう。

なんのためのアイデアで、どのように使われるのかを見失ってしまうのは、いわゆる木を見て森を見ずというもの。変えていくならば、そのポイントを忘れてはなりません。

再発させないために原因を絶つ

鉛が簡単に金になってくれるようなアイデアがあればいいのですが、現実的には**「変える」ということは、何かが良くなる代わりに、何かが悪くなるといった、いわばトレードオフの関係です。**では、どちらをどのくらい優先しようかといった調整が、新たなアイデアを生み出し育んでいく上では苦労する点でしょう。

たとえば部屋が暑ければ、エアコンをつければ下げることができます。ただ、エアコンには電気代がかかるためつけっぱなしにはできません。しかし、スイッチを消してしまえば再び暑くなります。ここで快適さを選ぶか、電気代の削減を選ぶかで悩むこととなります。

このような調整に時間をとられるのは、本来の創造という意味からは少し外れてしまいます。結局、調整したところでその問題は再度発生するかもしれません。将来的に壁になるような原因は、アイデアの芽の段階で再発の可能性を潰しておく。これはアイデアを育んでいく上では重要なことです。

たとえば、部屋が暑い原因が、電子機器を置きすぎていること、人が多すぎること、風通しが悪いといったことにあるならば、事前に風通しの良い部屋で、電子機器をできるだけ少なくし、人が留まらないように事前に設計することも必要でしょう。

ただし、このような調整をしても、結局夏になれば部屋は暑くなるでしょう。それは根本の原因が、人がエネルギーを使いすぎていることや、温室効果ガスを大量に発生させていることにあるからです。エアコンをつけると、部屋は涼しくなりますが室外機の前は逆に高温になります。ここも、やはりトレードオフの関係です。ならば、その根本的な原

課題にぶつかったときの処理方法

因を解決するためには、**よりエネルギーを使わない清涼器具をつくり出し普及させたり、人類の営みそのものの見直しや、地球環境を変えていったりするしかありません。**しかし、そのような方法を創造し、実現していくには長い年月がかかるでしょう。

調整するにせよ創造するにせよ、どちらにしても課題は山積みですが、**効率的にアイデアを育てるならば、時間はかかりますが課題の原因を取り除いていく方がよりシンプルになります。**シンプルになるということはあらゆるコストが減ることでもありますし、コストのかからないアイデアはより実現しやすくなります。

実現するためのコストとリスク

アイデアを生み出し、育てていくためには当然さまざまなコストがかかります。

そして、そのコストをどこにどれだけかけるのかの判断は難しいものです。たとえば政治の世界では、人々の暮らしを守るために必要なのは「バターなのか、大砲なのか」といった議論がかつてありましたが、実際にどちらが正解だったのかは今も判断が難しいところです。

人生には、「あのときこうすればよかった」「あのとき使った時間を別のことに回しておいたらどうなっていたか」といった後悔や反省がつきまといます。これを行わない人はいないでしょうし、行わない人は同じ失敗を何度も繰り返すでしょう。

ただし**後悔や反省ばかりしていては、なにも行動に移すことなどできません。**そうならないためには、後悔や反省はするべきとき以外はしない。そして、判断に悔いを残さないようにするしかありません。

無駄なこととは何なのか

私たちの日常での後悔や反省といえば、忘れ物のようなうっかりミスや暴飲暴食。あと定番なのは「無駄づかい」でしょうか。衝動買いやネットサーフィン、長電話といったものも、あとになって「なんであんな無駄なことを」と後悔するものです。

これらは準備不足や計画性の足りなさから引き起こる後悔、反省ですが、よく「人生に無駄なものなどない」といわれるように、実際に無駄かというと、どこかで役に立っていることもよくあります。衝動買いや長電話はストレス発散に役立ったでしょうし、ネットサーフィンで得た知識も、どこかで役に立つでしょう。

ただし、それが無駄にならないというのはあくまで自分の人生においてであって、新しいアイデアを育てるという目的を明確にした上でならば、必要なもの、あるいは無駄なものは整理できそうです。

アイデアを生み出し、育てていく上で、時間は欠かすことのできないものです。ただ考えることはどこでもできることなので、無駄をなくすとしたら電車の中でスマホをみるのをやめるくらいでしょうか。それこそお風呂やトイレでも考えられますので、こういった何もしないリラックスできる時間を増やすことが大事でしょう。

では実際にそのアイデアが使えるのか、調べたり、検証したり、実験したりする手間はどうでしょうか。このような手間をかけることも必要なコストです。アイデアに手間をかければ、それだけ愛着が湧きますし、その時間は集中して課題と向き合えます。なにより、手間を惜しんでいてはアイデアを実現するという行動に移せません。

ならば、必要な材料、人材、場所を揃えるお金はどうでしょう。これは結構な無駄になります。こうした環境を揃えたからといって、アイデアが生まれ、育つとは限らないからです。そもそもアイデアを生み出し、育てていくのにはお金は必要ありません。お金がなくとも考えることはできますし、お金をかけてつくったアイデアは結局、複雑になり高くなってしまいます、また、お金をかけるとそのコストを回収する労力も高くなってしまうので、最終的にそのアイデアはお金持ちのためのものになってしまいます。

時間と手間はたっぷり使って、お金は極力使わない。これはあくまでも私の場合ですが、その共通項から考えてみると、**創造において一番必要なのは「余裕」**だということがわかります。つまり、誰の場合であっても余裕を潰している何かがあれば、それが無駄となっているといえそうです。お金持ちならば、お金を使って時間的な余裕を買うでしょうし、そうでなければお金に余裕を持たせたいでしょう。

そして最後に**「一番無駄なものはといえば」と考えるならば、それはやはり常識**です。理由はすでにさんざん述べたとおりですので割愛しましょう。

創造にはリスクが必要

アイデアを実現しようと考えたとき、私たちはそれが本当に実現できるか、そうでないかを考えます。なぜなら、実現できないとすれば、実現しようと頑張った時間や労力、お金が無駄になってしまうからです。このような気持ちが、創造を阻む大きな障害になります。

こうしたコストとリターンを考えたとき、実際に行動に移れるかどうかがアイデアを育む上では大きなターニングポイントになります。新しいアイデアといっても、世に出てくるのはほんの一握りです。そのうちのほとんどが、**育たずに枯**

れてしまうのは、ここで「やってみる」という決断ができないからです。

よくいわれるのが、「考えていた人はたくさんいる」というものです。その中の何人かは、考えていたことを誰かに伝える人たちもいたでしょうし、考えたことを実際にやってみた人もいたはずです。さらにその中には、それをやり続けているごく限られた人がいて、実際に結果を出した人もわずかにいるでしょう。さらに、その中に考えたことで結果を出し続けている第一人者がいます。ここまでくると、最初の「考えていた人」の0・1％いや0・01％にもならないかもしれません。

ただやってみる。それだけですが、それはとても大変なことです。

15世紀に米大陸へ到達したクリストファー・コロンブスが、その偉業を「誰でもできたことだ」と評された有名な逸話があります。コロンブスはそう言った人たちに卵を立てることを試みさせて、そして誰もそれをできなかった後に、卵の尻をつぶして立てて見せたといいます。つまり、誰かの真似ならばリスクが少なく誰でもできますが、創造するということはリスクがあります。それだけ難しいということですが、だからこそ価値があるのです。

コロンブスが特別だったのは、地球が丸いということを信じられたからにほかなりません。そして、それを信じられたのは**大原則をしっかり理解した上で、自分なりの仮説を考え、検証を行っていたから**でしょう。

当時もすでに一部の知識人や科学者たちには地球が丸いとは考えられていましたが、実際に試した者はいませんでしたし、船員をはじめとする多くの人たちは世界の端は滝になっていると考えていました。そんな中で、実際に行動して大西洋を渡ったのですから、やはり偉業だったと評価されるものでしょう。

誰でもできることでも、最初に実行するのは難しいことであって、成し遂げるためには柔軟な思考力や発想というものが欠かせません。そして、このような発想は小さな原則にとらわれていては、生み出されも、育まれもしないのです。

失敗は成功の母

無駄をどれだけ省いても、生きていく上ではコストは必ずかかります。これはアイデアを生み出すことでも、育むのでも同じです。そして、プラスアルファで自分なりに考えてさらにコストをかけることになるでしょう。人が一人でできることは限られています。だからこそ、足りない部分を補うために必要な知識や仲間、場所や道具といった何かの助けを得ようとして、勉強したり、調べたり、頼んだり、お金を払ったりします。

コロンブスのように、命を捨てる覚悟で挑戦することは凄いことですが、やはりこのように使った時間や労力、お金が無駄になるのは嫌なものです。

ただ、よくよく考えてみると、挑戦したときに失敗したとしても、すべてが無駄になるわけではありません。わずかですが、しっかり自分に帰ってくるものがあります。それは、**挑戦の過程で得た「知識」と「経験」**です。ここで得られた知識と経験は、**必ず次の挑戦の糧**となります。

失敗は成功の母とはいいますが、

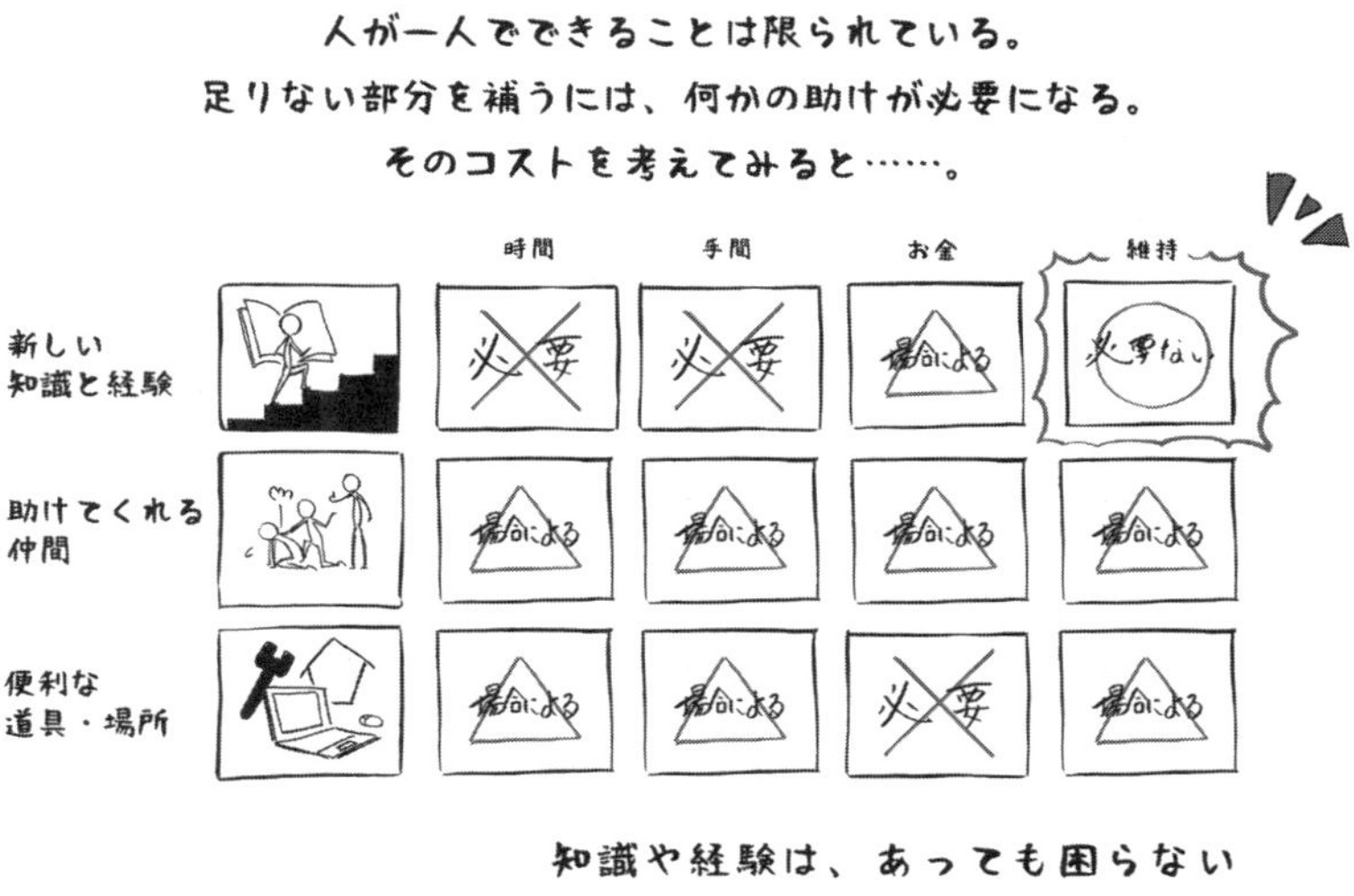

失敗してもその原因を検証して、欠点を反省して改良していくことで、よりアイデアの実現に近づけるのです。

試作の前に頭の中でシミュレーションを行う

今後10年から20年の間に、現在の約50％の仕事が自動化され、多くの人が職を失うなどといわれるほど、時代の移り変わりは速くなっています。

そんな中で、新しいアイデアというものも、時代を見据えたものでなければなりません。たとえば、今後何かにとってかわられてしまうようなアイデアは、今は使えたとしても将来的にはつかえなくなります。また、社会的に今後求められていくようなアイデアならば、発展性があるアイデアだといえるでしょう。

アイデアを育てて実現していく上では、このような計画の部分が欠かせません。

必要とされるタイミングも当然あるでしょう。時は金なりと、急いで実現させた方がいい場合もあるでしょうが、長くそのアイデアを活かしたいのならば将来性は必ず必要になります。

そのためにも、どのようなアイデアならば新しい価値を創れるのか、それを検証することは欠かせないのです。

そのアイデアで戦えるのか

アイデアには目的がはっきりしているものと、何のために使えるのかがよくわからないものがあります。目的がはっきりしているアイデアは、使い方や条件がはっきりしています。目的が明確なので検証もやりやすく、実際に使えるかもすぐわかります。基本的には、その目的のためにしか使えないアイデアですが、その効果については予測してないものになることもあります。

たとえば、買い物をするとポイントが貰えるカードをつくるというアイデアは、おそらくどこかのお店がお客にまた来てほしいと考え出されたものでしょう。しかしこのアイデアはその後、多くのお店が取り入れて行うことになりました。結果的にこのアイデアは「お得感」という新たな価値を生み出したといえますが、多くの店が同じことをしているので最初に考えたお店の特別感は薄れてしまっています。

このように、実現されたアイデアというものは時間が経つにつれて、検証ではわからなかった想像もしない影響を生み出すことがあります。短期間だけの効果であればこれは成功したアイデアといえるでしょうが、現在も効果を発揮しているかといえば疑問符がつくところでしょう。ただし、この思わぬ影響の部分まで事前に予測できていれば、それはさらに凄いアイデアとして活用できたのではないでしょうか。

一方で、使い方がわからないけど、なにかができそうなアイデアというものは検証が難しいものです。目的がわからないので当然ですが、ただし可能性は無限大です。目的を考えず、そのアイデアの潜在能力だけを考えたとき、そのアイデアは目の前の何かを解決できなくとも、将来的にはなにか他の別の何かを大きく変える方法である可能性があります。

使えるアイデアというのは、このように可能性に溢れたアイデアだったりします。純粋に創造するだけならば、なんのためのアイデアなのかわかっていなくても構わないのです。むしろ**社会貢献ができたり、長年使えたりといった将来性のあることに転用できるのかが、よりよいアイデアに育っていく条件となります。**

新しいアイデアにもっとも必要なのは、何にも似ていないことです。そして似ていないからこそ、何に使えるのかわからないということになります。まずは自分だけのアイデアであることが大事です。

悪いアイデアほどよく育つ

「バカとハサミは使いよう」という言葉がありますが、これは使えない人間は存在しないし、使えない道具もないということを指し示した言葉です。人にも物にも向き不向きがあり、状況を整えてやれば誰でも活躍の場があるということを示唆しています。逆に考えると、「あれは使えない」と断定する人ほど、実際には使えないのかもしれません。

人には、このように自分の価値判断で断定してしまうことがよくあります。断定することは歯切れもいいですし、自信にあふれているようで格好いいので、ついついやってしまいがちです。

しかし、それが判断として正しいかはまたべつの話です。それが断定のリスクです。断定するならば、論理的な正しさを背景にしなければなりません。論理的にではなく感覚だけで断定している場合は、それはただの思い込みにすぎません。

アイデアも同じで思い浮かんだときに、このアイデアは「良い」もしくは「悪い」とすぐに断定してしまいがちです。しかし、**実際はアイデア自体に良い、悪いはありません。どう使うかが問題なのです。**

たとえば、悪いアイデアのどこが悪いかを検証すれば、そこから良いアイデアの可能性が見えてきたりもしますし、ただ単にそのアイデアを使う場所やタイミングが悪かっただけということもあるでしょう。これがしっかりしたアイデアだったら検証もされず、良いアイデアへのヒントも見つからなかったかもしれません。

手がかかる子ほど可愛いという言葉がありますが、悪いアイデアを育てようとするほど多くの発見や知見が得られるものです。出来の悪いアイデアであっても、諦めず少し手間をかけて育ててやりましょう。将来的にどんな風に育つかは、まったくわからないものです。

夢を育てるシミュレーション

新たなアイデアがひらめいて、それを育てていくと、考えて、考えて、考え抜いて、手をかけるほど、「これでいける」という感触が強くなっていきます。ただし、自分が生み出したアイデアは、どうしたって過大評価になります。やはり、実行に移す前にはそれを検証することが重要になります。

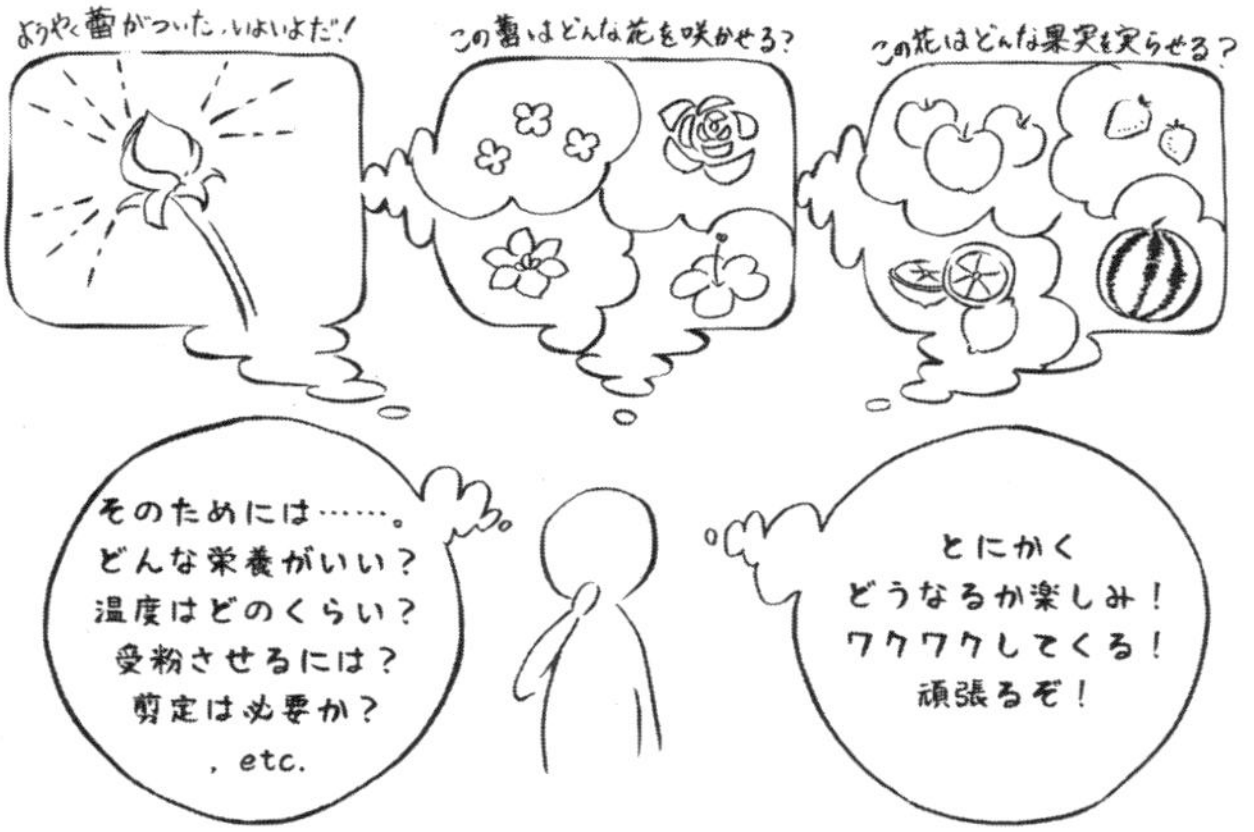

このようなイメージと想定の積み重ねが糧となって
枝葉を育て、花を咲かせ、果実を実らせる

検証のポイントはいくつかありますが、**そもそも理論として本当に可能なのか。可能ならば、そうである証拠を見つけ出すまでつき詰めて考える**必要があります。

このような検証は、未来がどうなるのかわからない以上、つき詰めるところ妄想にすぎませんが、検証に使っている情報の質と量がしっかりしていて、それが正確であるほど将来のしっかりとした予測が立つのもまた事実です。

そのためには、とにかく**情報の**

整理が必要です。そのアイデアは、何のためになるのか。どうよくなるのか。何が必要になるのか。どのようなコストがかかり、そのコストはどのくらいかかるのかといった情報をもとに、いつまでにどのくらいの成果を出すのかという目標を設定します。

そして時間を経過させると、途中で必要になりそうなもの、注意が必要なことなどがなんとなくつかめてくるはずです。このようなイメージと想定の積み重ねが糧となって、アイデアの枝葉を育て、花を咲かせ、果実を実らせるのです。

3章

自分の発想を、実際に創造するまで

夢が広がる、大きな目標を持つ

「タイムマシーンはつくれるのか」

この問いは、実現できるアイデアと、そうでないアイデアを見極める上での、リトマス試験紙となるものです。『十五少年漂流記』や『海底二万マイル』の作者、作家のジュール・ヴェルヌは「人が想像したものは、必ずいつか実現可能だ」といいました。実際に彼の作品『月世界旅行』は、後のアポロ計画の実現に大きく寄与したともいわれますが、タイムパラドクスなど多くの問題を考えると、タイムマシーンばかりは実現は不可能にも思えます。

どこでどんな天才が何を考えているはわかりませんが、現状で私の知っている限りでは、タイムマシーンは「過去へはいけないが、未来へ行くものならばつくれる」というのが、この問いに対しての答えです。

現在知られている学問の知識において、未来に行く方法であれば、高速の乗り物にさえ乗ればわずかに未来へ行くことはできます。それは、アインシュタインの『特殊相対性理論』において、「すべての物質は光より速く移動することはできず、物質は光速に近づくと質量が増加して時間の流れが遅くなる」ということがわかっているからです。これをもとに考えれば、計算上では東京——博多間の新幹線に乗っただけでも10億分の1秒先の未来に行くことになります。つまり、新幹線はタイムマシーンであるともいえます。

一方で過去へ行くことは、想像はできてもその方法を確立することはできていないのが現状です。この違いは、いわば**「想像できるものは、実現できる」という言説は「小さな原理」であるということと、「相対性理論」のような解明された動かしがたい原則である「大きな原理」であることの違い**でもあります。

ただ、この大きな原理さえふまえていれば、さきほどのジュール・ヴェルヌの言葉には頷けます。つまり解決までの道筋はわからなくても、**「大原則に則ってさえいれば、そのアイデアはいつか必ず実現できる」**といえるということです。

そして、その解決方法は必ずあるはずです。その道筋を見つけて、最終的にかたちにしていくのが創造やアイデアを実現していくということでもあります。

そのアイデアがどこまで育つのか

どんなに大原則に則っているアイデアだとしても生まれたばかりの時点では、まだ芽が少し出たくらいの状態で今後どう育っていくかはわかりません。可能性の影を想像することすらできないこともあるでしょう。

しかし、その可能性を考えることができればそれを見つけること、少なくとも検証することは難しいことではありません。**アイデアが出たら、その可能性を考える。私は、これはセットで行われるべきこと**だと思っています。アイデアとは、その可能性を含めて評価されるべきものだからです。

可能性を考えること自体は、習慣になってさえいれば普通にできることですが、やっていない人から見るとそれを自然にできる人は、それこそ「センスがある人」に見えるでしょう。ですが、あくまで習慣的なもので、特別なセンスを必要とするものではありません。

そのアイデアは何ができるか、そして何ができないのか。考えることには、アイデアを広げていく側面とアイデアを検証し狭めていく側面があります。狭めていくのは簡単で、それは大原則から外れている部分かどうかを確かめることだけです。そして、それ以外ことは、まさにそのアイデアが秘めている可能性ということになります。

大原則さえ外さなければ、広げていく過程では妄想でもかまいません。

とにかく何ができるのかを多角的な視点でイメージしていくことが、アイデアの可能性を広げていきます。そのためには、幅広い経験や知識、教養といったものが重要になってきます。人はそれに付随した経験や知識がなければ、それ自体を意識化できないからです。

たとえば、鬱蒼とした森の中を歩いていたとき、切り開かれていない森林を見て普通はそこに道があると

大原則さえ間違わなければ
必ずそこに道はある

地球は丸いのだ
ならば困難はあっても必ずどこかの大陸に着くはずだ

は思いません。意識すらしないのが普通です。しかし、知識や経験があれば「ここを抜ければ、あの道につながっているはずだ」ということが周囲の地形や断層、天候、動物の行動痕、植物の生成状況などからわかることもあるでしょう。

そこに**新たな道を創るということは、そこに新たな価値を生み出すということ**にほかなりません。新たなアイデアが育っていく道というものは、こうやってできていくのだと思います。

育てられない理由をつくるな

新たなアイデアを生み出そうと道を切り開いても、その先に思わぬ事態が待ち受けていることはよくあることです。たとえば、断崖があったり、河が流れていたり、猛獣が巣をつくっていたりして進めないこともあるでしょう。そんなときには一度来た道を引き返すしかありません。そして、どうするか対策を練ることになります。

アイデアを育んでいく上で、このような障害に突き当たることは必ずあることです。そのときに、どうしていくのか。これが、そのアイデアがどのように伸びていくかに大きく関わってきます。

たとえば、その障害を乗り越えるために梯子やロープといった簡単な道具を使えば先に進める場合もあるでしょうし、橋をかけたり、動物を駆除したりするなどの手間のかかる方法をとらなければならない場合もあるでしょう。また、それを実行する体力や知識があるのか。その時間や手間にかける労力があるのか。その対策を維持していく必要があるならば、それにはどの程度のコストがかかるのかなど、考えておかなければならないことは山積みです。新たなアイデアの可能性を膨らませていくと、そのために解決しなければならない課題もどんどん膨れ上がっていきます。

この**「課題の質」と「育成者の能力」がアイデア育成の行く末を大きく左右します。**

たとえ同じ課題であったとしても、ある人にとっては特に問題にならないこともありますし、別の誰かにとっては解決困難な場合もあるものです。また、誰もが答えさえ知っていれば解決できるものもあるでしょうし、反対に誰がどんなに頑張っても解決できない課題もあります。そして、どんな状況であっても、その課題にどう対応するか決めるのは自分自身です。育成者によって育ち方が違ってくるのはこのためです。その状況を「仕方ない」と受け入れることまでは誰もができるでしょう。その次に、どうするかが大きな分岐点になります。

ある人は簡単に通り抜けていくかもしれませんし、別の誰かは完全に諦めてしまうこともあるでしょう。迂回路を探そうとする人もいるかもしれませんし、今は放っておいて状況の変化をみつつ時間を置いてみる人もいるでしょう。そして、これらの行為のどれが正解なのかは、未来がわからない以上そのときには判断できません。

しかし、たとえ未来がわからなくても、その**アイデアを育てていくならば、選択肢はとにかく何かを「やる」しかありえません。**「試す」でもいいですし、「探す」でも、もちろん「待つ」でもいいのです。ただ、諦めてしまえばそのアイデアはそこで終わります。

課題が多ければ多いほど、やらない理由はたくさんあるでしょう。ただし、それで諦めて、アイデアへの関心を失い忘れてしまえば、そのアイデアは枯れ、朽ち果ててしまうことになります。そうしないためにはできない理由を考えるのではなく、どうすればできるようになるのかを考えるしかないのです。

「やる」「やらない」「やりたい」を育てる

アイデアを育てていく道を見つけながらも、それを「できない」と諦めてしまうパターンは、おおよそ次のようなものがあります。

まず、**やり方が分からなくてできなかったという場合**です。自分の知識の中にその解決方法がなければ普通はそれを探すことになるのですが、不可能だと決めつけてしまえば諦めてしまうことになります。まあ決めつけてしまうのは論外ですが、誰かに相談してもやり方が分からず、調べてみてもどこにも答えがないこともあります。その場合は、大原則を取り違えているか、大原則に即していないということが考えられます。この場合は、アイデア自体が間違っているということになります。

次に、**チャレンジして失敗した場合**です。一度試して失敗して、そこですぐに諦めてしまう場合や、失敗から学べずに繰り返し失敗してしまうケースがあります。どちらも大原則さえ外していなければ、失敗の原因を検証すれば継続できる可能性が高いのですが、それを怠ると判断を誤ることになってしまいます。

諦めてしまう**理由で最も多いのは、時間がない、忙しくてできなかったというもの**でしょう。できない理由を優先してやらず、結果的にできなかったというパターンです。日常で行わなければならないことを優先してしまうと、アイデアを育てる時間はその分なくなります。

このように、諦めてしまうパターンを見ていくと、アイデアを育てていくために必要なことが見えてきます。それは、まず**「やる」こと。**そして、やらない理由になってしまうことは「やらない」ことです。アイデア育成のためには行動して、結果を出して、それを継続していくことが欠かせません。そのためには、やるべきことをやり、やらなくていいことは極力やらないという見極めと決断が必要なのです。

そして、それを支えるのがアイデアをこう育てたいという理想と、「やりたい」という気持ちです。理想に向けてアイデアを膨らませると、この「やりたい」という気持ちも大きく膨らんでいきます。

もしも、そのアイデアが自分の中で**「こんな凄いことを実現したい」、「実現さえすれば世界が変わる」といった大きな目標まで育て上げられたならば、それはときに人生をかける価値すらあるアイデアになるでしょう。**そんな風に覚悟さえ決まってしまえば、やるべきこととやらなくていいことの判断も明確になります。まあ、そこまで大げさにする必要はないかもしれませんが、結果的に覚悟が大きくなるほどアイデアを実現する可能性を高めてくれるのは事実です。だからこそアイデアの最終到達点は、夢が膨らむようなものであるほうがいいのです。

アイデアが実現するかは
「実行力」にかかっている

実現するための
実行力を高めるには……

3つの気持ちを育てる

最終目標に辿り着く前、最初の目標を設定する

大きな理想や夢を持った上で、最初に踏み出す一歩は気持ちも高まるものですが、どのように歩んでいけばいいのかは悩みどころです。理想をいえばすぐに夢が叶えばそれは万々歳ですが、もちろんいきなり最終目標を実現することなどはできないわけで、目標に向かってコツコツと積み上げていくことが大切になってきます。

何かに取り組んで積み上げていくには、積み上げる目安となるような目標が重要な役割を果たします。たとえば体力をつけるという理想のために、まずは「腕立て伏せを20回できるようになる」という目標を立てるようなものです。アイデアを形にしていく上でも、このような段階を踏んだ目標をこなしていくという方

法は有効です。

ただ、目標を立てると一言でいっても、その立て方はさまざまなやり方があるでしょう。たとえば、体力をつけるための目標ならば「懸垂を10回できるようになる」でも、「エスカレーターを使わないで階段を登るようにする」でも、体力をつけるという意味では、段階を踏んでいく方法として間違っていないわけです。ただ、この両者はその質においては明確に違います。

まず、**前者はできないことをできるようになろうとしていること。後者はできるけれどもやっていなかったこと**です。また、体力をつけるという漠然とした目標において、前者は達成が実感できますが、後者はどこにゴールがあるのかわかりません。他にも鍛えられる体力の違いや、器具が必要かそうでないかなど、同じ理想に向けて立てた目標でも、その質は大きく異なります。

このようにあらゆる目標には、その質に違いがあります。では、最初の目標はどこにどのようなものを設定すればいいのでしょうか。その**目安は、それが継続可能であるということ**です。はじめは枝葉を伸ばすことはできなくても、そのまま維持できるくらいはできるようにすると、余裕が出てきたとき伸ばす方向に目標を持っていくことができます。

そして、まずは**アイデアが独り立ちできるのを目指すところが最初のチェックポイント**となるでしょう。では、小さな段階を積み重ね、発案者の手を離れられる最初の段階まで持っていくにはどのようにしたらいいのかを考えていきましょう。

目標は細かく設定する

目標を立てる上で一番大切なのは、いうまでもなく**目標倒れにならないような目標を設定すること**です。そのためには、現実的に達成しやすい目標を立てていく必要があります。小さな目標をコツコツとクリアしながら、継続していくことがアイデアを達成する上での最も近い道です。

このように目標を細かく設定していくメリットはたくさんあります。まず、失敗したときリスクが少ないことです。もちろんかけた労力も少なくてすむので、痛手も少ないということになります。いわゆるローリスク・ローリターンです。一方で目標を大きくすると、失敗リスクが高まり、失敗したときのダメージも大きいものになります。

そもそも目標を達成する際にはリターンを急ぐ必要がありません。それは、**達成するまでの目標の数を減らしたからといって、達成するまでの距離は変わらない**からです。もしかしたら達成までのスピードに違いは出るかもしれません。ただ、小刻みに課題を設定し、段階を踏んでコツコツとクリアしていく方がモチベーションを維持することもできますし、理想を達成する可能性が高くなるはずです。考えてもみてください、なだらかな坂道を登っていくのと、急勾配をよじ登っていくのとでは、最終的にはどちらが早くなるでしょうか。より元気でいられるのはどちらでしょうか。目標達成に向けては、モチベーションの維持も体力管理もとても重要になります。

そして何よりも大きなメリットとなるのが、目標を意識化できることです。意識していないことは考えることができないということは、以前に何度も触れていますが、目標においても同じことがいえます。細かな目標を設定することで、これをやれば夢が実現できるという具体的なイメージができるのと、漠然とした目標しかなく何をすればできるようになるのかイメージできないのでは、実行する際にも大きな違いになります。

はじめは小さなことで構いません。身の丈にあった眼の前の目標を確実にクリアしていくことで、適度な満足感を得ながら確実に目標の実現に向かっていくことが何よりも大切なのですから。

とにかく目標を具体的に挙げてみる

目標を具体的に考えてみると、「あれもやらなければ」とか「これもできたほうがいい」「こういうのもありかも」と色々な方向性が見えてきます。腕立て伏せを20回やるのと10回を2セットやるのでも違った目標になりますし、考え出すとどのような目標を立てていけばいいのか悩ましいものです。

細かく目標を設定すると一言でいっても、その目標を個別にみていけばその性質はさまざまです。単純にアイデアをすすめていくことも大切ですし、続けていけるように加減することや想定外のことを想定内にしていくことも必要です。目標には内容を向上させたり強化したりするものもあれば、維持するためや継続させるためのものであることもあるでしょう。問題の解消や改善という場合もあるでしょうし、そのためには新たなアイデアを付け加えなければならないこともあるかもしれません。

可能性がたくさんあったからといって、目標達成が早くなるわけでも楽になるわけでもありませんが、自分でどのように進めていくかの選択肢は、最初の段階では多い方がいいのは間違いありません。どのように進めていくかはあとから考えましょう。

この段階で重要なのは、とにかく具体的な目標であることです。頻度や手段、その方法や必要なものなどの基準が明確であれば、それだけ達成する意味や価値もはっきりしますし、順番も考えやすいからです。たとえば、「5キロ走れるようになる」と「毎日5キロ走る」ならば、前者が先の目標で、後者は後々の目標になることはすぐにわかります。

実際にその目標を達成するかは後の話ですが、事前に色々な目標を考えておけば、あとになっての修正も簡単になります。

目標を計画にしていく

目標を意識して、それを具体的にしたあとに考えなければならないことは、大きく二つあります。**どのような順番を組んで進めていくかの実行方法と、個別の**

細かな目標をいつまでに達成していくかです。

たとえば、ボルダリングの壁を想像してみてください。そこにはたくさんの手がかり、足がかりがありますが、実際に使われるものは限られたものだけになります。登るためにはどの手がかりを使えばいいのか、体勢を維持するためにはどうすればいいのか、次に手を伸ばすのはどこか。そういったことを事前に考えてから頂上を目指すことになります。

そして、実際にどこをどのように登るかを考えてみると、「あそこは窪みがあるので体勢が楽になる」とか「ここには手がかりがあるので、勢いをつけて登りやすい」といったことが見えてきます。目標の順番を決めるということは、このような手がかり、足がかりを決めていくことです。

何をどのように進めていくか、それがはっきりしてきたならば、次は「いつまでに」それをやるかを決めていかなければなりません。早く進められるならばその方がいいのはもちろんですが、実際に達成できるペースというものは人の能力にも、その人の経験にも大きく左右されます。

一方で、タイムリミットは必ずあります。このリミットに合わせて、どのような進め方をしていくかは、上手くいかないときや失敗したときも想定しながら行わなければなりません。そんな限られた

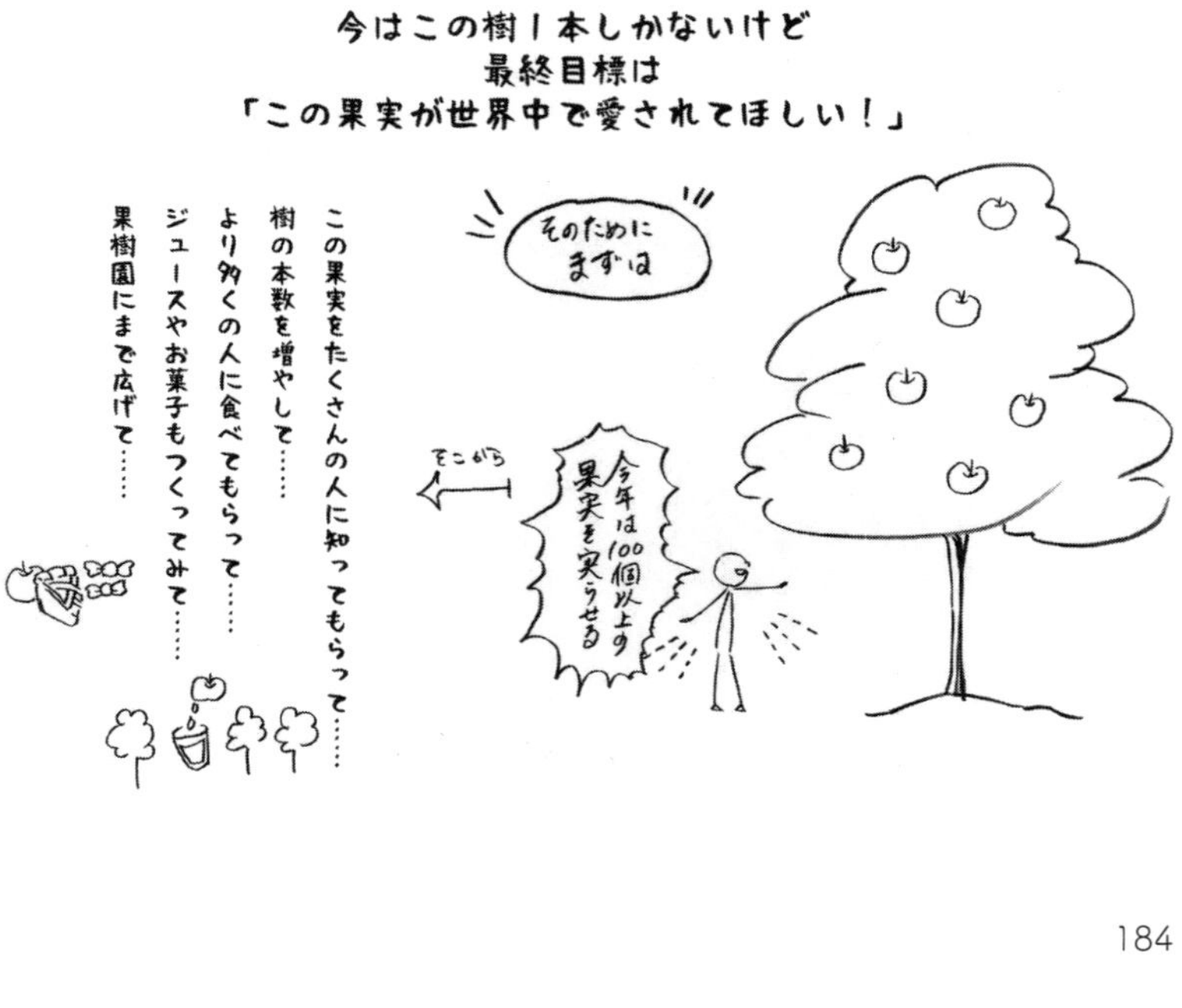

条件と想定をふまえながら、使える時間や労力をどのように配分するかを考えて計算していくことが、計画を立てる上では大切なことです。

優先すべきは20%の核心部分

かつて、古代ギリシアの哲学者アリストテレスは「全体は部分の総和に勝る」と述べました。とても単純にいえば「時計の部品」だけでは、それを「組み立てた時計」とでは価値が違うというような意味のことです。新たなアイデアを創っていくということは、この個別の部品をアイデアに即した形で組み上げ、ひとつの価値を形づくっていくということでもあります。

そして、アイデアを形づくる部品の中には重要な部分と、そこまで重要でもない部分があります。

たとえば、時計ならば一番重要なのは、一定の周期で動き続ける何かです。それは太陽の動きであったり、水の滴る速さ、振り子の揺れ幅だったりしたわけです。では、それ以外の部分、すなわちその周期性のある動きをどのように時刻として表示するか、その形状や大きさ、重さや利便性、デザインといったものはどうでしょう。これらの部分は、時計以外の技術やアイデアから流用したりできるものでもあり、時計本来の用途を達成するという意味での重要度はそこまで高くはありません。

このように、アイデアの核心となる部分は全体の限られた根源となる発想に凝縮されており、残りの部分は飾りにすぎないものです。少し乱暴な言い方をするならば、この核心部分さえ実現してしまえば、あとはどのようにでもついてきます。つまり、**アイデアをどのように実現していくかを考えるならば、まずはこの核心部分を完成させるために邁進すべきです。**

そのアイデアの強みはなにか

ではその核心部分とはなんなのでしょうか。

たとえば時計ならば現在はたくさんの種類があり、時刻がわかることはもちろんですが、核心部分ということになると種類によって異なります。目覚まし時計ならば、セットした時間に大きな音が鳴ってくれることが何よりも重要ですし、腕時計ならば小ささや軽さなどになります。

つまり、核心部分とはその目的を達成するために最も重要なアイデアの部分ということになります。目覚まし時計なら、単純に寝ている人を指定した時間に起こすということが目的であり、そこがアイデアの核心です。指定時間がずれてしまったり、小さな音しか出なかったりでは意味がありません。腕時計ならば携帯に便利なことに加え、ファッションやスポーツなどのシーンにあわせたデザインや機能性が重視されます。さまざまなシーンを想定しながら、より適した、あるいは便利な機能を持たせられるかが勝負ということになります。

アイデアの核心とは、いうならばそのアイデアが何を実現できるのかという、強みの部分です。それはアイデア全体を10とすれば、およそ2割くらいの部分になるでしょう。そして、それは一番手をつけやすい部分でもあります。自分が一番やってみたいと思う部分であり、理想や夢が詰まった部分でもあるからです。まさに、自分が考え出したオリジナルの

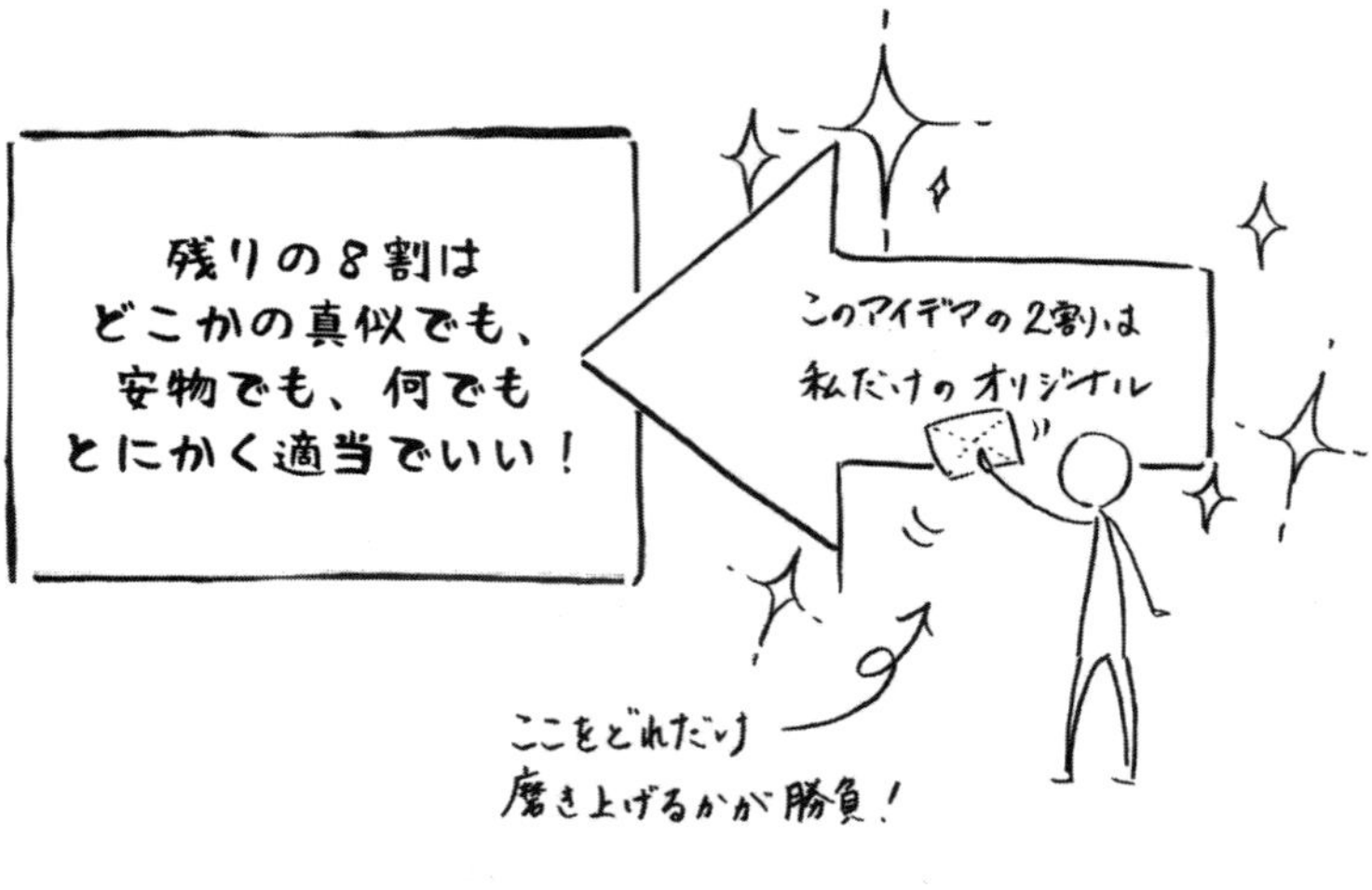

残りの8割は
どこかの真似でも、
安物でも、何でも
とにかく適当でいい！
このアイデアの2割りは
私だけのオリジナル
ここをどれだけ
磨き上げるかが勝負！

部分でもあるのですから、我が子同然の愛着もあるでしょう。

一方で、一番成果を出すのがむずかしい部分でもあります。今まで誰もやらなかったことだけに手本とするような前例がありません。どうすれば核心部分を実現できるのかを試行錯誤していくしかないからです。ただし、逆に考えれば実現できれば一番成果が出る部分でもあるのです。

そのアイデアが何を実現できるのか。そして、それを実現するために最も重要なことこそが強みであり、力を入れて取り組んでいくべき「核心」なのです。

核心部分に労力を一点集中する

アイデアを実現するためには、考えたり試したりする時間の他にも、お金や人員など多くの労力やコストがかかります。アイデアを実現するための革新的な知識や、充分すぎるほどのお金があるならば気にする必要もないかもしれませんが、普通は限られた制約の中でやりくりしなければならないでしょう。

むしろアイデアを実現することにおいて一番悩ましいのは、アイデアが不足していることよりも、アイデアを育てていくのに必要なこのような部分が足りないことかもしれません。だからこそ、そこには限られた中でやりくりしていく知恵や、決して諦めない不屈さが必要になってくるのです。

ただ、どんなに諦めない不屈の精神を持っていたとしても、現実的にできることは限られます。制限があるなかでもやり遂げるには、限られた労力を上手に使っていくことが欠かせません。

では、どこにその労力を使うのか。

戦力の分散や逐次投入の愚かさはあらゆる人たちによって指摘されており、数学的にも証明されていますが、アイデアを創り上げていく上でも基本的にそれは同じです。労力を重要な一点に集中させることが、目標をクリアする上では何よりも重要になります。その一点とはいうまでもなくアイデアの核心部分であり、強みとなる部分であるということになります。

そして、**忘れてはいけないのが、充分な休息をとることです。**

頭も体もリフレッシュすることはとても大切なことです。頑張ればやり遂げられるといった精神論は現実を見誤らせます。諦めないことはとても大切なことですが、だからといって精神力だけでは労力は生み出せません。一時は無理をすることができても、それによってあとで体調を崩し、精神をすり減らしてしまっては元も子もありません。実現するために重要なのは、何より継続していくことです。

残った部分は楽して片付ける

核心部分がどんなに大切だといっても、そのアイデアの成果をもたらすためには他の部分もおろそかにはできません。ただし、こちらは最後の仕上げの部分ですし、試案の段階では、とりあえずは何かの真似でも安物の代用品でも構いません。

たとえば腕時計に新たな機能をつけるというアイデアの場合を考えてみましょう。腕時計を自力でイチからつくろうとしたりするのならば、それはとんでもない時間と労力がかかるでしょう。ですが幸いなことに現在、安い腕時計ならば千円もあれば買うことができます。もちろん時計の機能に連動させるようなことはできませんが、そうでないのであれば代用品としては充分です。

千円以下で適当なものがあるのですから、腕時計の部分には基本的には労力はほとんど使わなくても平気ということになります。必要な労力といったら、せいぜいもっと安く買えるところがないか探したり、自分のアイデアにあわせてデザインなどを変えたものをつくってもらえないか交渉したりするくらいでしょう。

もちろん、アイデアを達成する最終段階においては全体トータルでのクオリティも重要になってきますが、最初の目標を達成する段階といった、創造の途中ならばあまり気にしないようにした方が得策です。眼の前にあるやるべきことに集中して余計な労力を使わないことが、最終的な成果を早めてくれるのです。

足りないリソースをいかに解決するか

いくら一点突破で課題に取り組んだとしても、知らないことを調べたり、これまでの成果をまとめたり、アイデアに試行錯誤したりと、目標をクリアしていくためにはやらなければならないことが山積みで、どうにもならなくなることもあるかと思います。

これらの課題を乗り越えていくために必要なのが、リソースと呼ばれるものです。会社経営の世界などでは、いわゆる「ヒト・モノ・カネ」に「情報」を加えた4つが特に重要視されますが、このような課題を超えていく力となるものは当然アイデアを形にしていく段階でも必要不可欠なものです。

この中でも特に重視されるのが、「お金」と「人」です。今の時代、お金さえあれば大概のものは揃えられますし、人も集まります。人が集まれば知識も情報も増えます。ただし、人には感情も考えもありますので、お金だけでは動かない部分もあります。その人にしかつくり出せないもの、知識や技術というものはお金を払ってもコピーできるものではありませんので、やはり人の部分も重要になります。気の合う仲間や優秀な人材というものは得がたいものなのです。

このような優秀な人材やお金は、当然ですが得がたいからこそ価値があるものです。

つまり、ほしいからといって簡単に集まるものでも見つかるものでもありません。だからといって、こなさなければならない課題が減ってくれるわけでもありません。新しいアイデアを創り上げるということは、このように色々と足りていない中で、課題を一つひとつクリアしていくしかないのです。

まずは焦らず現状を受け入れる

考えても調べても答えが見つからないような難解な課題や、どんなにこなしても終わらない膨大な課題を前にしたとき、人は得てしてパニックに陥ってしまいがちです。

こんなときには、予定通りにいかないことも多く、その埋め合わせのために無理をして余計に混乱してしまうということもあるでしょう。さらに、あれだけやる気に満ちていた気持ちも、いつしか沈みがちになってしまい、さらに上手くいかなくなる。そんな悪循環に陥ってしまうこともあります。

このような状況のとき、人は自分を客観視できなくなっている状態だといえます。普段ならばどうすればいいのか判断できることでも、できなくなってしまうのです。こんなときには、とにかく一度落ち着いて冷静になるべきです。ただ、そう簡単に冷静になれるのならば誰も苦労しないわけで、一度陥ってしまった負のサイクルから抜け出すのはなかなかに難しいことです。

このような状況から抜け出すために重要なのは、**自分を「客観的」に見ること、そして「負のサイクル」を断ち切ることです。**どちらが先でも構いません、どちらかができればもう片方も自ずとついてきます。

客観的になるためによいきっかけとなるのは、誰かと話をすることです。その中で相談したり、考えを聞いたりしていくうちに、自分の勘違いや思い込み、本当にやるべきことなどがわかってきます。これは、人との対話する過程では相手をわかろうとしたり、わかってもらおうとしたりすると色々とイメージするからです。また、誰かの助言や何気ない一言が狭くなっていた視野が広げてくれることもあるでしょう。このように客観的に自分のことを見つめることができたなら、負のサイクルから抜け出すためにどうすればいいのかを考えることもできるようになるはずです。

負のサイクルを断ち切るために、すぐにできることは**「とにかく気分を変えること」**です。課題の解決や足りない労力といったものは、すぐにどうにかできるものではありませんが、気分だけならすぐにでも変えられます。そのためには、現状の習慣自体を一度リセットしてしまいましょう。

そんなときには、**以前はやっていたのに最近できていないことや、やったことのないことなどをしたり、いままで行ったことのない場所に行ってみることで、気分を一新するのは効果的です。**もちろん、気分をすっきり変えられるのであれば散歩や買物、ティーブレイクといった気軽に行える他のことでも構いません。

このように頭がリフレッシュすると、現状を整理して考えることができるようになり、何をすべきで、何をすべきでないのかという判断も自ずと下せるようになるはずです。

予定外の道にはリスクが潜む

深い森の中を進んでいると、時として方向感覚がなくなるものです。まっすぐ進んでいたつもりが次第に脇にそれていき、いつしか見当違いの方向に進んでいるというものです。いわゆる「木を見て森を見ない」という状況です。

いったん冷静になって考えてみると、いろいろなことが見えてきます。一点集中で目標をこなしていたはずなのに、いつのまにかやらなければならない課題が増えていたのだったら、その原因はどこかで判断を誤っていたからにほかなりません。

判断を誤ってしまう原因は、大きく二つあります。**一つはこなすべき課題をこなしていないこと。**もう一つは、**魅力的に思える別のアイデアに誘われてしまうこと**です。

こなすべき課題をこなさないという事態は、少し面倒そうな課題をちょっと迂回してみたら、迂回できなかったときによくあります。つまり、効率がいい他の方法があるはずだと思い込み、それで失敗してしまうパターンです。もちろん、臨機応変に課題をこなしていくことも大切ですが、そこには予定を狂わせるリスクがあることも理解していないと、結果的にパニックに陥ることになりかねません。このような予定外のリスクを背負うことは本来すべきことではないでしょう。

別のアイデアが浮かぶというのも、脇道にそれてしまうという意味では同じです。目標までの距離を大幅にショートカットできるような新たなアイデアが浮かんだとき、それはとても魅力的で可能性に満ちたチャンスに思えるものですが、それを試すことがギャンブルであってはならないのです。アイデアを膨らませる段階では別ですが、創り上げようとする段階では、不確定な予定外のアイデアは試さなくてもいいことです。

進むべき道を決めたならば、極力そこを外れてはなりません。そこには必ずリスクがあり、予定外の思わぬ事態を引き起こしかねないのです。今やるべきことをやる。それが大切なのです。

工夫の余地があるものを探す

やりたいこと、試したいことがたくさんあるとき、人はどうしても全部やってみたい、試してみたいという気持ちになるものです。普通ならばそれは一度にできないことなので、「順番に」とか、「明日また」というように決断していくわけですが、ときにそれができない、あるいは許されないような状況もあります。

このような全部やらなければならないような状況になったとき、人は無理をしてどうにかこなそうとしてしまいます。特に責任感の強い人ほど、「責任は自分にあるのだから」と無理な頑張りをしてしまうのです。しかし、無理なものはどんなに頑張っても無理です。そのような状況を解決するためには、**頑張るのではなく目先を変えた発想や、ちょっとした創意工夫といったものが解決策**となります。

改善の方法は、基本的には単純な算数の応用から見つけられます。たとえば、現状と予定がイコールになっていないならば、何を足せばイコールになるのか。何を引けばイコールになるのかといったシンプルな考え方から問題を特定できます。そして、足りてないのならば足す、多すぎるのならば引くといったように対応も簡単です。

ときには一つの課題を達成するなかで、同時に他の課題も達成してしまう方法もあるかもしれません。いわゆる一石二鳥の掛け算的な発想であり、まさに創意工夫とはこのことです。創意工夫とは、文字通り「創意」、つまりアイデアを実現するための新たなアイデアを生み出し、アイデアを実行するためにより効率の良いやり方を「工夫」してひねり出すことです。

アイデアを実現するためのアイデアを考えるとなると、なんだかどつぼにはまってしまったような気がしますが、そう難しく考える必要はありません。まずは、今までの慣習や常識にとらわれ、一番効率の良い方法を見過ごしていないか、もっと簡単に済ませる方法があるのに時間をかけすぎていないかといった部分を探してみましょう。

時間が限られている中で効率を上げていくには、そこで処理される課題の量や質を増やしていかなければなりません。そして、その方法は頑張ることではあり

ません。どうすれば、質や量を増やせるかといった、創造の密度を高めていくことにあります。そのためには、いままでのやり方や既存の発想を捨て、自分なりのやり方を見つけ出す必要があるのです。

どんなに美味しそうでも
全部は食べられない
これはムリ

工夫をしながら
食べるものは厳選する
いただきます!

あらゆる失敗を想定する

新しいアイデアを形にしていく過程では、必ずうまくいかないことがあったり、失敗したりすることがあると思います。そんなときは落ち込むこともあるでしょうし、ときに諦めようと思うこともあるかもしれません。ただ、それは失敗したあとの態度としては正しくはありません。

ただ、当初のアイデアそのものが大原則さえ間違っていなければ、アイデアを実現する方法自体はどのようにでも修正できます。

人は失敗したとき、それを引きずったり、忘れようとしたりしがちですが、そのような態度は良い結果を生みません。失敗を引きずることは自信や信念を揺らがせますし、忘れてしまっては同じ失敗をまた繰り返すことになります。失敗したときには、その失敗と向き合って、どうすればよかったのか、繰り返さないためにどうすればいいのかを反省し、それを肝に命じなければなりません。

その過程で、課題を解決していく方策自体に、根本的な間違いがあることに気づくかもしれません。ただ、アイデアを実現するという最終目標さえ変わらなければ、やり方はどのように変えても構いません。もしかしたらマンネリ化していたやり方を変えるチャンスであるかもしれません。そんなことに気づかせてくれるのが「失敗」なのです。

粘り強く課題をクリアしていく

アイデアを実現するまでの道の途中には、多くの小さな課題、クリアすべきハードルが待ち構えています。これを粘り強く解決していくことは、その実現のためには欠かせません。
このような小さな課題を越えていく過程では、たくさんの失敗がたくさん待ち受けています。いきなりうまくいくなんていうのはありえないことです。ただこの失敗は、実現するために間違った選択肢をつぶしていることでもあり、成功のためのヒントでもあります。そんな経験を糧として反省すべき点は反省し、同じ過ちを繰り返さず、失敗を怖れずに挑戦する態度こそがなによりも重要です。

粘り強く課題に取り組むということは、言い換えるなら失敗しても次の方法を試し続けるということです。その過程では、さまざまなアプローチを試しながら課題に取り組んでいくことになりますので、少しの失敗ぐらいでは動じることはあってはならないのです。

それでも、失敗に気持ちが揺らいでしまうことはあるでしょう。そんなときは目標の最終地点を思い出してください。自分のアイデアが達成されればどのような新たな価値を創り出し、誰にどれくらい喜ばれるのか。このような根源的な動機が、困難な状況でも踏ん張らせてくれるはずです。アインシュタインは「挫折を経験したことがない者は、何も新しいことに挑戦したことが無いということだ」という言葉を残していますが、自分がやっていることに誇りを持つことも大切です。

繰り返しますが、大原則さえ外していなければ必ず解決策は見つかります。答えは必ずあるのです。どんなに失敗が続いても、次の一歩さえ踏み出せれば、いつか必ずゴールにはたどり着けます。

しっぺ返しには気をつけろ

失敗はしっかり受け止めれば次につなげていくことができます。それは、どうして失敗したのか、どうすれば失敗を繰り返さないかといった検証をするからです。

では、何でも上手くいっているときはどうでしょうか。もちろん上手くいっているときでも同じように検証することが重要です。失敗と同様に、成功もしっかり受け止めなければならないのです。

上手くいっているときには、この検証作業をどうしても疎かにしがちです。「上手くいっているのだから検証なんて必要ないじゃないか」と思う人もいるかもしれませんが、なぜ上手くいったのかを確認しておくことで、別の課題をクリアするときにそのノウハウを使えるかもしれませんし、「なぜ失敗しなかったのか」がわかるということが、何よりも大切だからです。

また、検証しなかった場合、「自分は間違っていない」という思い込みにとらわれてしまう可能性を高めます。順調にいけばいくほど、自らを省みることがなくなってしまいがちですが、このような慢心は誰にでも起こり得ることです。この思い込みは、いうまでもなく失敗を招き入れることとなります。

たとえば、このような思い込みから「もっとやれる」と予定よりもハードルを上げてしまったり、「いつもどおりやっておけば大丈夫だ」といったような油断から、初歩的なミスを起こしてしまったりするなど、慢心は次々に失敗を生み出していきます。そして、得てしてこういうときに今までしなかったような致命的な失敗は起こりやすいのです。

特に注意しなければならないのは、最初の目標を達成して一段落ついたときです。新しいアイデアが形になり、いよいよその枝葉を伸ばしていく中で、想定していないような新たな課題が出てくることはよくあります。出る杭は打たれるではないですが、上手くいっているときには良い意味でも悪い意味でも注目を集めます。そして、そこではまったくの想定外のことが起きたりするものです。

上手くいっているときは嬉しいのは間違いありませんが、そんなときこそ気を引き締めなければなりません。「勝って兜の緒を締めよ」とはまさに至言です。

分相応が守りを固める

課題に取り組んで出た結果は、それがたとえ失敗でも成功でも検証しなければなりません。それは自分がやってきたことを客観的に判断するためです。

自分自身を客観的に見られるほど、冷静な判断を行いやすいのは確かなことです。失敗に挫けてしまい後ろ向きになりすぎれば、失敗を恐れ行動が遅くなってしまったり、躊躇してしまったりします。また、根拠のないポジティブシンキングは、成果を減速させたり、油断から失敗を生み出したりします。

アイデアを実現するためには熱意も重要ですが、その過程においては失敗や成功に一喜一憂しない、動じない冷静さこそが最も求められる部分なのです。

もちろん成功したときに喜んではいけないわけではないですし、失敗したときに落ち込むなといっているわけでもありません。アイデアを形にしていく上では、感情をバネにより成果やモチベーションを上げることもできます。ただ、それを理由に検証を怠ってはいけないということです。

熱意や感情の部分が押し上げてくれる部分もありますし、冷静な検証や判断が隙をなくしてくれます。アイデアを創造していく過程では感情と理性の狭間で大きく揺れ動くことになるものですが、ダルマ人形やヤジロベエのようなバランス感覚を持ちながら、一つずつ着実に課題をこなしていかなければなりません。そして、自分とアイデア自体に向き合いながら、身の丈に合ったやり方でこなしていくことが大切なのです。

最後には願いをかなえてくれるだるまさんにくじけぬ気持ちを学ぶ

①だるまさんはころばない
「失敗しても諦めない」

②だるまさんには反動がある
「揺れた分だけ、戻ってくる」

③だるまさんは笑わない
「油断しない、動じない」

モチベーションの保ち方

やる気やモチベーションの源というものは面白いもので、人によってさまざまです。たとえば、とにかく負けるのが大嫌いだという「負けず嫌い」な性格がそれである人もいれば、新たな発見や驚き、出会いといった「好奇心」が源になっている人もいます。誰かに感謝されることや、自分が評価されることが何よりも大事だという人もいます。

たとえばアインシュタインは、「学べば学ぶほど、自分が何も知らなかったことに気づく、気づけば気づくほどまた学びたくなる」と述べていますが、彼のやる気の源は知的好奇心の塊だったようです。

このようにやる気の源は人によって違いますが、一つだけ共通点があります。

それは、これらのやる気は自分の中から湧き出ているということです。つまり、やる気やモチベーションというものは、基本的には上げるものではなく、湧き出てくるものだということでもあります。

もちろん、湧き上がったモチベーションであれば、さらに上げたり、勢いをつけたりすることもできるとは思いますが、その源泉はやはり湧き上がるものなのです。

動機の外付けは創造力を下げる

こなさなければならない課題が難しかったり多かったりすると、モチベーションを上げるために自分へのご褒美を用意することがあります。たとえば、終わったら「美味しいものを食べる」とか、よい評価をもらえたら「欲しかったものを買う」とかいったことです。

このようなご褒美作戦は、一時的なドリンク剤的な効果を発揮してくれますが、やる気というものが本来は湧き上がってくるものである以上、別のご褒美を用意するということは本来あまり良い方法ではありません。

なぜなら、**「やりたいからやる」のと「ご褒美が欲しいからやる」では、その動機の質がまったく異なるからです。**動機が別なところにある場合、本来はやる気をもって取り組むべき部分が、ただの作業になってしまいます。そして、これは結果的に課題に取り組む上での創造力を削ってしまうことにもなるのです。

成功報酬というものはやる気を維持するためには確かに大切なものですが、それはあくまでも自分の行為に対しての見返りとして正当な分だけです。それを新たに用意するのは癖になりますし、癖になると効き目が薄くなるものでもあります。こなすだけでいいのならば構いませんが、アイデアを形にしていくような場合にはあまり多用するような方法ではないと思います。

むしろ**用意するべきなのは、将来の新たな報酬ではなく現在の環境を整えること**です。

アイデアを創り上げていく過程では失敗や挫折がつきものです。そんな中では目標を見失うことなく集中して、考えながら取り組める環境が欠かせません。試したいことが試せなかったり、別のことに気を取られたりするような環境ならば、それを変えていく方が結果的にはやる気は継続するでしょう。

熱意には限りがある

どんなに目的意識がしっかりあっても、熱意というものには限りがあります。

アイデアというものは誰でも生み出せるものでありますが、その全てが実現しないのは、「熱意が有限」だからというのも一つの理由です。

その新しいアイデアが必ず実現し成功するとわかりきっていれば、誰でもそれを目指すでしょう。ただ誰もがやらないからこそ、そのアイデアは新しいのであって、なぜやらないかといえば、やはり「達成するのが難しそうだから」や、「労力に見合わない」ということが大きな理由になるのです。

熱意は貴重なものです。そして、ちょっとした失敗や何気ないことをきっかけに、ふとなくなってしまうこともある儚いものでもあります。だからこそ、**熱意は常に補充し続け、熱意切れを起こさないようにしなければならないのです。**課題や目標を細かく設定し、達成感を細かく得るのはこのためでもあります。

このような熱意のもととなる燃料は、失敗から逃げたり何気ない誰かの非難を耳にしたりすると大きく減らされてしまいます。もちろん、これらを正面から受け止める強さを持っていればその限りではありませんが、人間誰しも不安と戦いながらカラ元気も元気とばかりにモチベーションを維持している部分があります。だからこそ、全く関係のない出来事、たとえば恋人を別れたというようなことにも影響されてしまいます。

熱意を失わないようにするためには、その可能性があるものを徹底的に排除して、今やるべきことに集中することが一番です。

もちろん、引きこもってアイデアを創り上げることに没頭しろといっているわけではありません。誰かの助言や励ましといったものは熱意の源になるものです

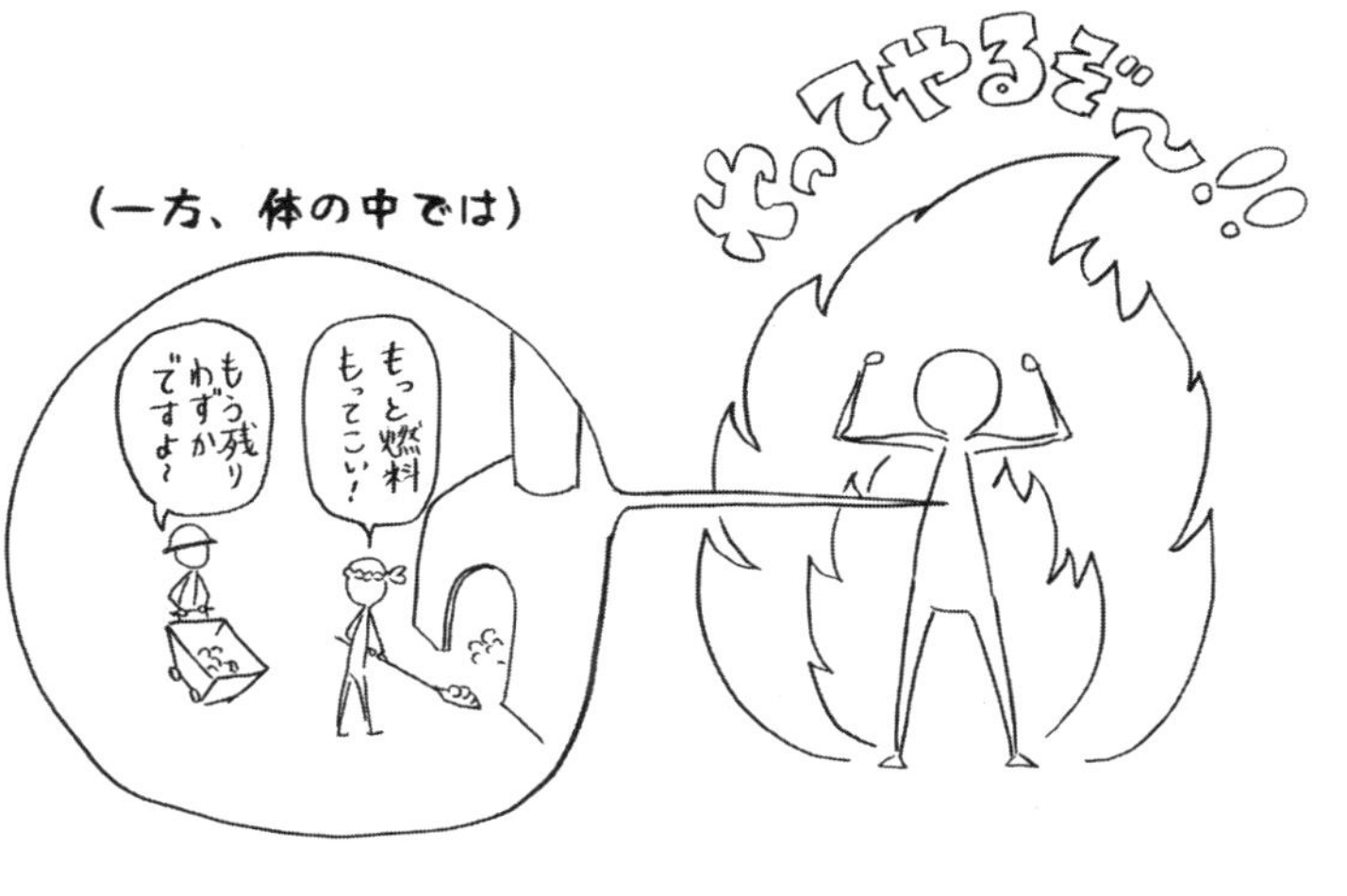

ので、これはとても貴重なものです。ただ、熱意を下げるようなことを言ってくる人とは付き合わないとか、誘惑が多いところには赴かないといったように自分の熱意を管理コントロールする必要はあります。

しかし、どんなに気を使っていても熱意にもいつしか限界が訪れます。アイデアを実現するための締切りがあるとしたら、おそらく熱意の限界が訪れるときでしょう。だからこそ、粘り強く細かな目標や課題をクリアしていき、新たなアイデアを実現しなければならないのです。

大義名分が実行に勢いをつける

新たなアイデアを実現したいという動機や信念というものは、どんなに取り繕ってもつまるところは自分自身のエゴにすぎません。それに対して他人や、ときに自分も「無駄な努力」「つまらないもの」といったネガティブな評価をあたえてしまうものです。

しかし、そんなときに誰にでも通じる「いいわけ」があると、それを盾に前を向いて進むことができます。このいいわけは、いわゆる大義名分というものです。

よくスポーツの試合などで、試合中に円陣を組んで掛け声を出したりしますが、大義名分はあの掛け声にも似ています。掛け声は自分たちの目標を声に出すことで、目標を再確認するのとともに、気合が入る、スイッチを入れる効果がありま す。**大義名分には目標を明確化するとともに、気合を入れたり、自信をつけたりする効果**もあります。

大義名分があると実行する意志は確実に強固になります。自分のやっていることに前向きになれますし、なにより何かのためにやっているということは、そのアイデアの価値を自分以外の何かにも認めてもらえることにほかならないからです。

世の中を良くしたいと思うこと。誰かのためにやること。感謝されることといったことは、何よりもモチベーションを高めてくれます。そして、自分のアイデアに誇りと情熱、そしてさらなるアイデアの発展をもたらせてくれます。

もしも、自分のアイデアに大義名分がないのであれば、強引にでも考えてみてください。「これは何の役に立つのか」「誰のためになるのか」といった問いは、モチベーションを高めるだけでなく、きっとアイデアの可能性自体を大きく広げてくれます。

共同作業がやる気を高め、新たなアイデアを創る

アイデアを実現するのに、自分一人ですべてやり遂げることができるならば楽なものですが、何でも自分一人でできるわけはありません。誰でもできることならば、誰かに頼んだ方が自分はやるべきことに集中できますし、自分にはできないことならばお願いしてやってもらうしかありません。

新たなアイデアを創造していく過程において、誰かの協力というものは欠かせません。そして、アイデアの規模が大きくなるほど関わる人は増えていきます。それはアイデアを実現するためのグループが形成されることでもあります。

アイデアの発案者が、必ずしもそのグループのリーダーにならなければならないわけではありませんが、熱意やアイデアへの理解の深さを考えたときには発案

者がその任を担うことになることが多いでしょう。また特別な援助者でもいない限り、責任として発案者が担うべき仕事でもあります。

リーダーがやるべきことはいくつかあります。まずは、**どちらに進むべきかの方向性を示すこと。**そして、**誰が何をやるのか決めることと、そのモチベーションを高めること。**そして、**手本となるような姿勢を示すこと**です。

どれも簡単なことではありませんが、誰かに協力をお願いする以上、これは避けて通れないことでもあります。

価値あるアイデアは人を惹き付ける

リーダーの役割の中で**一番重要なのは、目標を明確にしてそれに真っ直ぐ向き**

合い、未開の地を進んでいく旗頭になるということです。目標が明確でなければ、協力者も何をすればいいのかわからないですし、何より頼まれているからやっているだけになってしまいます。

そのためには、その新たなアイデアが何を実現し、自分たちが何のために手伝っているのかを明確に伝えなければなりません。これが新たな価値を創り出そうとする開拓者のリーダーには必要なことではないかと思っています。

先にも述べましたが、モチベーションの源泉は人によって異なります。ある人にとっては好奇心であるだろうし、ある人にとっては経験や自分の成長です。もちろんお金という人もいるでしょう。ただ、結局はそのアイデアに共感してもらったり、賛同してもらったりしない限りは外付けの動機になってしまいます。そういった人には大事な仕事の部分は任せられないでしょう。そのためにも「このアイデアなら負けない」「労力をかける価値がある」と思ってもらうことがとても大切になります。

グループで何かに取り組むときには、一体感というものが重要になります。

一人やる気のない人がいれば「何だあいつは」と不和の原因にもなります。一方で、魅力的なアイデアだと思えるならば、「自分もその一部に協力している」ということがモチベーションにつながっていきます。そして、課題があればみんなで考え、目標を達成したならばみんなで喜ぶということが一体感を強固なものにしていきます。

結婚式のスピーチではありませんが、苦労は分け合い、幸せは倍に増えていく。そんなグループをつくっていくことがリーダーの仕事の第一歩です。

明確な目的と安心感を示せ

目標を掲げて、その道筋をつけたとしても、そのまますんなりとことが運ぶことはありません。どうしても上手くいかないことも出てきますし、中にはモチベーションが続かない人も出てくるでしょう。

そんなときは、**ついパフォーマンスを上げてもらうために、飴やら鞭やらを使いたくなるものですが、それは本質的な解決にはなりません。**いい評価だったり、いい報酬を貰えたりといったことを、モチベーションを高める手段にしている場合は、それはそう何度も使える手ではないことをわかった上で使うべきでしょう。

本当に誰かのモチベーションを高めるならば、その源泉に訴えかけなければ、しばらくすればまた同じことになります。ただ、その源泉に訴えかけるというのが言葉にするのは簡単ですが実際はとても難しいことです。

モチベーションが下がっている原因が、アイデアやリーダーへの信頼や期待が下がっているからなのか、自分の担当の仕事がうまくいかないことなのか、逆に任されてないと感じているのか、それともまったく関係ない別の何かなのかと、理由は考えればキリがありません。こんなときいっそ理由を本人に聞いてから、その対応を考えたいところでもありますが、モチベーションが上がらない責任は相手ではなくリーダーの自分にあると考えなければなりません。

リーダーには**グループの環境を整える責任があります。**

本人から相談されない限り、リーダーとしてやるべきことは、安心してやるべきことに集中できる環境を整えてやることと、このアイデアを一緒に創り上げていくことが「利益」になることをしっかり示すことです。

モチベーションの低下は、その多くが何らかの理由で目的や動機を見失っているからにほかなりません。まずは、目的や動機を再確認してもらうことからはじめましょう。確認してもらう方法はどのようなものでも構いません。自分の背中で示すタイプならば、面倒な役割を率先して取り組むことでそれを示せるでしょうし、困難な課題を一刀両断するような洞察力で引っ張るのもいいでしょう。とにかく、自分の強みを見せ、「この人についていけば大丈夫だ」と思って貰えるような安心感を示していくしかありません。

一方で、目的や動機、そして安心感をしっかり示し、それを自分のものだと感じてもらえれば、人は見違えるようになります。そして、結果的にリーダーとしての信頼を勝ち取ることができるのです。

歩く人が多くなれば、それが道になる

歩く人が多くなれば、それが道になるとはよくいいますが、これは新しい価値を創造していくこと、そしてそのリーダーとしてグループをまとめて引っ張っていくこと、どちらにも通じることです。

ただ、リーダーはグループを引っ張っていくだけが仕事ではありません。誰でも、やらされるだけではつまらないですし、任されれば喜びも責任感も芽生えます。**自分で考えたことをやりたい、試したいという気持ちが育っているのならばそれができる環境を整えて、積極的にやってもらうようにするのもリーダーの仕事**です。

このように、自主的に何かをやろうという動きが出てくると、グループ内は活

性化します。そうすると、今までなかったような新しいアイデアがさらに出てきたりもします。そして、出てきたアイデアに少しでもいい部分があれば、手を加えてできるだけ採用していきましょう。自分のアイデアが採用されれば当然嬉しいですし、やる気も出ます。また、他のグループメンバーにも良い影響が出るでしょう。

アイデアは、思いつくときは一人でいるときの方が多いでしょう。ただ、それを実現していく際には、たくさんの人たちの助けが必要です。そして、その段階では一人で考えているだけでは出てこなかったような新たなアイデアや発見があるものです。

そして、**それがやりがいのある楽しいものに思えるのならば、それは創造者としての立派な才能**だと私は思います。

おわりに

これからのすべての創造者へ

人にはそれぞれその人なりの特徴があって、得意な能力、不得意な能力がありますが、私は「勉強することが苦痛で仕方ない」といった特徴を持っています。おまけに頭の回転は遅く、弁は立たず、立ち回りが下手で、その結果、会社での出世競争にも敗れました。そんな私の唯一といってもいい得意な能力、**「好奇心が強くて、考えることが好きであり、その結果新しいものを発明する創造力に繋がる能力が伸びた」**という部分を封印して、そのまま会社にしがみついて生きることも考えました。

そして、さんざん悩んだ末、自分の能力を生かす独立の道を選びました。社会のニーズにあった良いものをつくり、まじめにやっていけば、弁は立たずともやっていけると思い独立を決断したのです。

それから、一年かけて自宅でブラウン管の画質評価装置を開発し、セフト研究所を設立しました。ニッチな事業でしたが利益率が非常に高く、出だしとしては「順調にいっている」、そんな気がしていました。ただ、利益率が高すぎたことが裏目に出ました。逆に会社の体質を弱くしてしまったのです。次のステップへとばかりに張り切っていた拡張路線も裏目に出て、結果的に多くの社員をリストラせざるを得ない状況に追い込まれました。

これにより、なんとか会社を立ち直すことができましたが、今度はまた別の問題が浮上します。その頃にはテレビやモニターがブラウン管から液晶にシフトしていく時期で、事業の転換をせざるを得なくなったのです。すでに液晶関係の測定器には多数の会社が進出しており、これからそこに入っていくにはいささか遅すぎました。

売上が減少し続ける中で、他の事業を模索しました。色々なアイデアがありましたが、地球温暖化対策への懸念もあって冷却関係の研究を始めることに決めました。「冷却することはエネルギーを取り去ることであり、本来エネルギーを必要としない」との考えがアイデアを生み出し、研究を始めた要因です。

まずは、水の気化熱を使う新方式のクーラーの開発を考え、実験の準備を始めました。その準備中に、「部屋全体を冷却しなくても、人だけが涼しければいいこと」に気がつきました。そこで、手作りの部品をさらに小型化して服に取り付けてみましたが、できた最初の試作品は非常に異様なものでした。水でズボンが濡れるなどして、とても使い物になりませんでした。

そこからさらなる試行錯誤を重ね、「外部から水を供給しなくても、暑ければ体の内部から汗が出るので、出た汗を蒸発させればいいこと」に気がつきました。その発見から現在の『空調服』に至ったのです。試作品を発表したのは2004年のことです。独立してから13年の月日が経とうとしていました。

ここからも問題は山積みでした。ブラウン管の評価装置とは180度違うビジネスなので、どの様に事業を展開するかが大問題でした。まずは多くの方に知ってもらうことが必要で、そのためにはマスメディア戦略しかありませんでした。幸いなことに服にファンを取り付けた奇抜さもあって多くの取材依頼が舞い込みました。全国ネットのTV局が一日に三回取材に見えたこともありました。

初年度にいきなり10万着を生産し、中国に製造工場も建てました。しかし、まったく新しい、比較の対象のないものは売りにくいものです。売る側も買う側もノウハウがないのだから当然です。メディアの力で年間1万着強の売上があったものの、途中で資金も底をつき、全財産を投げ出し、自己破産も覚悟しました。

ただ、狙い通り冷房のない屋外の作業には絶大な効果がありました。2010年ごろから建築現場での作業に使用され始め、一度使用すると手放せない商品であり、リピーターが増えることで売上は急回復したのです。ここで、ようやく軌道を安定させることができ、今に至ります。

創造とは、知識の木の枝の下の方に、まだ生えていない小さな新しい枝を生えさせ成長させていくことです。私は生理クーラー理論という新しい枝を生やし、その枝に空調服という花を咲かせました。将来、この枝が太くなり、大輪の花を咲かせるという確信に後押しされ、苦境を乗り越えて事業化に成功できたのです。

私は人間の能力の総和は一定だと思っています。

どの能力が秀でているかとか、どの能力が不足しているかといったものは、一つの固定したものの見方にすぎません。頭の回転の遅い私は、「頭の回転が速い人はモーターで言えば小型のモーターを持つ人であり、脳が小型なため回転が速い。小型モーターでは当然大きな仕事ができないので、弁が立つ人は頭が悪い」と思うことで、自分の頭の回転の悪さを自己弁護しています。また勉強して知識を得ることが苦手な私は、知識の豊富な人を「学習するほど固定観念が強くなる。信じ込んでいる人は考える必要がない」と自己弁護しています。

私のように社会的に不器用な者でも、自分の持ち味（私の場合は、勉強することが不得意で、それゆえ常識にとらわれずに考えることが得意）を生かし、技術的な面だけでなく色々と考えることによって、今までにない新しい商品の事業化を成功できました。そして、私と同じように、不器用だが何か新しいアイデアを創っていきたい人の参考になることを期待して、本書を書くことにしました。

もし、何かのお役に立てたのならば、またご意見や感想などございましたら、巻末にあるお問い合わせ先までお声をお送りいただければ大変嬉しく思います。

また、本書を上梓するにあたって、病を押して協力してくれた照井康介さん、株式会社grooo の中原祐樹さん、株式会社クロスメディア・マーケティングの菅一行さん、田中庸一さん、出版のきっかけをつくって後押しし、奔走してくれた社内の複数の関係者に、この場を借りまして御礼申し上げます。

２０１８年６月末日　市ヶ谷弘司

空調服開発年表

開発年	平成11年（1999年）	平成13年（2001年）5月頃	平成14年（2002年）3月頃
販売年	――――	――――	――――
試作番号	1	2	3
特徴	水冷式	空気排出式 ベスト型 小型ファン4つ 硬スペーサー	空気排出式 小型ファン4つ
メリット		ファンが小さく 目立ちにくい	ファンが小さく 目立ちにくい
デメリット	水が漏れる、 蒸れる、 冷えすぎる	スペーサーが 硬すぎる 風量少ない	風量不足 スペーサーが低く、 空気抵抗が大きい 服の一部を メッシュにし 空気を取り入れる
服の開発	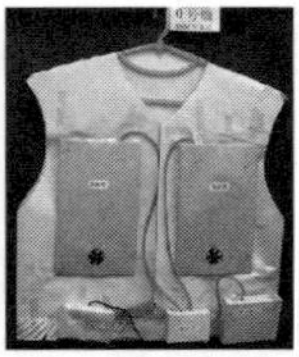 	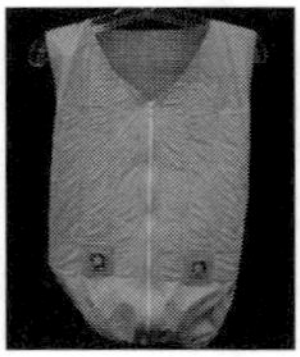	 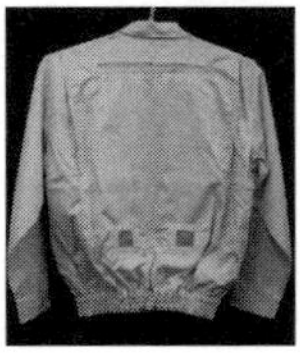

平成16年(2004年)～ 平成17年(2005年)3月頃	平成15年(2003年)～ 平成16年(2004年)4月頃	平成14年(2002年)7月頃	平成14年(2002年)5月頃～ 同年12月頃
平成17年(2005年)～ 現在の空調服	平成16年(2004年)6月 (有償試作品として販売) 現在の空調服の基となる作業服	――――	――――
7	6	5	4
空気吸入式	空気吸入式	空気排出式 ファンを隠す	空気排出式 軟スペーサー
風量多い 空調服に適した 素材に変更	風量が多い	ファンが外側から 見えない	通気性の高い布でできた服、空気取り込み部以外は空気が漏れない布を取り付け、空気取り込み部より空気を入れる→見た目が良い
		風量不足 スペーサーが低く、 空気抵抗が大きい	風量不足 (3号機よりは大きいファンを使用) スペーサーが低く、 空気抵抗が大きい
 	 	 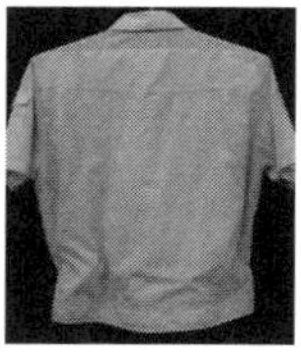	 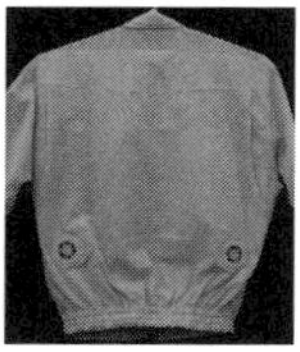

【著者略歴】

市ヶ谷 弘司（いちがや・ひろし）

株式会社空調服 代表取締役会長。株式会社セフト研究所 代表取締役社長。1947年生まれ。1991年にソニーを早期退職後、同年9月に株式会社セフト研究所設立。ブラウン管測定器の販売で赴いた東南アジアで、エネルギーをほとんど必要としないクーラーを発明、開発準備中に「生理クーラー理論」を着想。この理論を応用した『空調服』を開発し、製造。また、この製造した『空調服』を販売するため、2004年に株式会社ピーシーツービー（現株式会社空調服）を設立する。2005年に株式会社空調服に社名変更、現在に至る。

■ 空調服のHP　https://www.9229.co.jp/
■ 空調服サービスセンター　0570-009229
■ メール　act@9229.co.jp

社会《しゃかい》を変《か》えるアイデアの見《み》つけ方《かた》

2018年 8月11日　初版発行

発行　**株式会社クロスメディア・パブリッシング**

発行者　小早川 幸一郎
〒151-0051　東京都渋谷区千駄ヶ谷 4-20-3 東栄神宮外苑ビル
http://www.cm-publishing.co.jp
■本の内容に関するお問い合わせ先 …………………… TEL (03)5413-3140 ／ FAX (03)5413-3141

発売　**株式会社インプレス**

〒101-0051　東京都千代田区神田神保町一丁目105番地
■乱丁本・落丁本などのお問い合わせ先 ……………… TEL (03)6837-5016 ／ FAX (03)6837-5023
service@impress.co.jp
(受付時間 10:00 ～ 12:00、13:00 ～ 17:00　土日・祝日を除く)
※古書店で購入されたものについてはお取り替えできません

■書店／販売店のご注文窓口
株式会社インプレス　受注センター …………………… TEL (048)449-8040 ／ FAX (048)449-8041
株式会社インプレス　出版営業部 ………………………………………… TEL (03)6837-4635

カバーデザイン　小泉典子
イラスト　南かやの
制作協力　株式会社 grooo
印刷・製本　株式会社シナノ
ISBN 978-4-295-40224-4 C2034